MZ세대에게 알려주고 싶은

협상의 전략

MZ세대에게 알려주고 싶은
협상의 전략
배기표의 협상 시뮬레이션

초판 1쇄 인쇄 2022년 8월 1일
초판 1쇄 발행 2022년 8월 10일

지은이 배기표
펴낸이 권희동
펴낸곳 아띠북
디자인 김민주
감수 배판범·김명중·신선희·손금희

출판신고 2020년 12월 1일
주소 10522 고양시 덕양구 무원로17 803-607
전화 031-974-5137, 010-7306-1470
이메일 gogoi2002@hanamil.net

ISBN 979-11-972806-2-7 13320

MZ 세 대 에 게 알 려 주 고 싶 은

협상의 전략

배기표의 협상 시뮬레이션

배기표 지음

아마
북

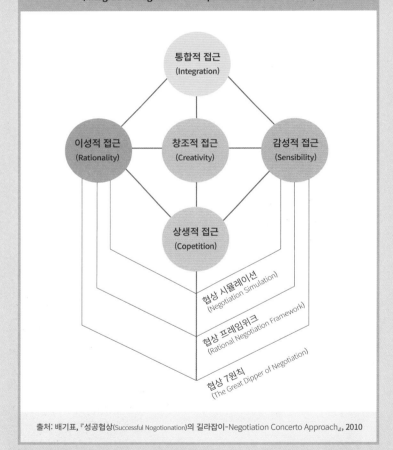

통합협상
(Integrative-Negotiation = Copetition Communication)

통합적 접근
(Integration)

이성적 접근
(Rationality)

창조적 접근
(Creativity)

감성적 접근
(Sensibility)

상생적 접근
(Copetition)

협상 시뮬레이션
(Negotiation Simulation)

협상 프레임워크
(Rational Negotiation Framework)

협상 7원칙
(The Great Dipper of Negotiation)

출처: 배기표, 『성공협상(Successful Nogotionation)의 길라잡이-Negotiation Concerto Approach』, 2010

협상은 협상 당사자 모두 윈-윈의 마음을 함께 나눌 수 있을 때,
그리고 비즈니스를 초월한 성숙하고 미래지향적인 협력관계가
시작될 수 있다고 느낄 때, 비로소 '성공협상'이라고 말할 수 있을 것입니다.

'성공협상'은 경쟁 속 협력인
'코페티션 커뮤니케이션(Copetition Communication)'입니다.
성공협상은 지속가능 동반성장을 위한
상생의 '통합협상(Integrative-Negotiation)'입니다.

통합협상 전문가인 ＿＿＿＿＿＿＿＿＿＿ 에게
이 책을 선물로 드립니다.

저는 시골의 돌담을 참 좋아합니다. 하나가 쏙 나왔으면 다른 하나가 쑥 들어가 서로 맞물리며 튼튼한 구조를 이룹니다. 개성 있는 그리고 차이 있는 돌담이 서로 어우려져서 자연스럽고 아름다운 한국의 돌담이 만들어집니다. 서로 자기다움을 인정하면서 서로가 서로의 부족한 점을 채울 때, 진정한 창조적 융합이 이뤄진다고 생각합니다. 어쩌면 협상이야말로 서로 다른 주장을 조화시켜 창조적 가치를 만드는 과정이라고 생각합니다. 배기표 대표가 이 책에서 강조하는 '통합협상'이야말로,

창조적 융합의 커뮤니케이션이라고 생각합니다.

'생명자본주의'라는 개념을 들어보셨는지요? 제가 주창하였지요. 생명이 생산과 창조의 자본이 되고, 감동이 경제력이 되는 자본주의를 뜻합니다. 지금까지 세계경제는 경쟁과 생존의 제로섬게임으로 상징되는 산업자본주의와 금융자본주의가 주도해왔으나 이는 환경오염, 금융윤리 위기 등의 한계에 직면해 있습니다. 이제 미래를 선도할 새로운 패러다임은 생명의 원리를 바탕으로 인류의 지속가능한 동반성장과 발전의 디딤돌인 생명자본주의인 것입니다. 생명은 서로 같이 사는 것입니다. 상생하고 공생하고 공존하는 것이지요. 생명자본주의 시대에는 프랑스혁명 때 이미 제시된 프라테르니테(형제애) 이념을 넘어 바이오필리아(생명애)로 가야 합니다. 생명자본이 중시되는 디지로그 시대를 맞이해 우리는 공감과 배려, 소통을 기반으로 상생과 공생으로 나아가야 합니다. 생명체는 물질처럼 정량적인 숫자로 다루기 힘듭니다. '디지로그'는 정량적인 것과 정성적인 것, 즉 양과 질을 결합하는 정신이며, 기술이라고 생각하시면 됩니다. 열 길 물 속은 디지털로 잴 수 있지만, 한 길 사람 속은 아날로그적 직관과 감성으로 잴 수밖에 없습니다. 결국 생명자본주의는 물질이나 산업기술이 아닌 생명과 사랑, 행복을 원동력으로 하는 자본주의를 말합니다. 배기표 대표가 주창하는

'협상 콘체르토'의 개념 역시 이성적 접근과 감성적 접근 그리고 창조적 접근이 어울려진 디지로그의 가치가 담겨진 생명자본의 커뮤니케이션인 것입니다.

『MZ세대에게 알려주고 싶은 협상의 전략』에는 협상 파트너에 대한 인간적 존중이 기본적으로 함께하고 있습니다. 이것이야말로 생명애인 것입니다. 배기표 대표가 지속적으로 강조하듯이, 협상 파트너가 진정 원하는 것을 알아내고 존중하며, 서로의 행복을 향한 지혜로운 해결책을 함께 모색하는 '통합협상'이야말로 어쩌면 한쪽만의 단기적 이익을 취하려는 기존 자본주의 협상기술이 가진 머니게임 프레임의 한계점을 극복하고, 긴 호흡으로 더불어 살아가는 '생명자본주의'라는 진정한 성공 패러다임으로 안내할 것입니다.

이어령

문학평론가 / 초대 문화부 장관

배기표 님 라의 정남을
(기해서
이어령

목차

협상 시뮬레이션을
시작하며

협상의 사전적 정의는 '타결 의사를 가진 당사자 사이에 양방향 의사소통을 통해 상호 만족할 만한 수준으로의 합의에 이르는 과정'을 말합니다. 필자는 워싱턴주 공인회계사 그리고 경영컨설턴트로서 이런 협상의 정의에 준하는 다양한 글로벌 비즈니스 협상을 경험하고 관찰할 기회를 가졌습니다.

이러한 경험을 통해 성공적인 협상에는 반드시 공통의 원인이 있다는 것을 일반화할 수 있었습니다. 그것은 상생과 협력을 위한 윈-윈(Win-Win) 접근방식이었습니다. 즉 협상 마인드가 보다 장기적인 상호이익을 지향하다 보면 자연스럽게 갈등은 제거되고, 합리적이고 상호 만족스러운 결과물이 도출되는 것이었습니다.

이 책은 글로벌 비즈니스 협상 시뮬레이션에 관한 이야기입니다. 제3세계 군부와 협상 초기에는 단순히 경쟁력 있는 가격에만 포커스를 맞추어졌습니다. 즉 일방의 이익지향적 협상태도는 협상 파트너에 대한 이해 부족 및 관계 악화로 이어졌구요. 한쪽만의 승리를 추구하는 제로섬게임(Zero-Sum Game)이 되다 보니, 상대방은 비현실적인 가격을 제시하거나 비공식적인 커미션을 요구하기에 이르렀습니다.

통합협상(Integrative-Negotiation)이란?

협상 당사자(Negotiation Parties) 모두 이익을 얻을 수 있는
윈-윈 협상

성숙하고 긍정적인 협력적 미래관계 구축

　　그야말로 협상방향이 합의가 아닌 갈등이 되는 순간이었습니다. 이에 심각한 위기의식을 느껴, 발상을 전환해 회사와 제3세계 군부 모두의 발전을 꾀한다는 슬로건을 협상장에서 표명하는 순간 협상의 흐름이 180도 변했습니다. 상대를 이해하기

위한 공동의 시장조사로 신뢰를 강화할 수 있었습니다. 무엇보다 합의를 향한 서로의 강한 신념은 많은 위기와 돌발변수를 극복하게 만든 주춧돌이 되었습니다.

그렇다면 사회적 갈등 극복 및 합의가 어려운 우리 사회에서 현재의 협상문화는 어떠한가요? 정치·경제·문화 등 우리 사회 다양한 영역에서 많은 협상 당사자가 협상의 기본적 개념을 잘못 이해하는 것이 근본적인 문제라고 생각합니다. 즉 한쪽의 일방적인 이익창출이 협상의 목적이고, 이를 위한 일련의 과정을 협상기술로 규정한 잘못된 협상 패러다임의 영향입니다.

TV 토론 프로그램에서도 패널들이 합의하거나 상대 의견에 긍정하는 것을 보기가 무척 어려운 게 단적인 예입니다. 협상교육과 관련된 많은 책에서 상생이라는 성공협상의 본질적 개념에 충실한 협상 마인드 함양을 배제하고, 단순히 표면적인 결과물 도출에 치중한 협상기술만 소개하는 것도 문제입니다. 이런 접근방식은 협상을 마치 한쪽의 승리를 위한 도구로 전락시키는 것에 불과합니다. 상호이익을 추구하는 협상인 통합협상(Integrative-Negotiation)은 협상과정에서 서로 간에 깊은 믿음을 쌓아 갈등과 위기요소를 극복할 수 있으며, 이는 장기적인 상생으로 이어질 수 있습니다.

여기서 저는 체계적인 협상전략과 상황별 협상기술의 중요성을 간과하지 않는다는 점을 강조하고 싶습니다. 이 책에서도 협상 프레임워크 기반의 합리적 실행전략을 핵심적으로 제시하고 있습니다. 협상의 안정성과 효율성 및 효과성을 제고하려면 반드시 협상 전에 개별협상에 최적화된 합리적 협상 프레임워크를 철저히 구축해야 합니다. 또한 구축된 프레임워크를 기반으로 다양한 협상기술을 사용해야 하며, 협상결과 및 수행에 대한 분석·평가를 통해, 지속적인 협상능력을 배양해야 합니다.

다만 여기서 반드시 인지해야 할 점은 진정한 협상의 기술이란 협상 파트너와 함께 살아갈 수 있는 지혜를 담은 통합협상을 추구할 때, 그것이 비로소 효과적으로 사용될 수 있다는 사실입니다.

결국 성공협상을 위해서는 협상 파트너를 존중하고 상호이익을 지향하는 전향적인 협상 마인드가 반드시 전제되어야 합니다. 제가 생각하는 최고의 협상전략이란 단편적으로 일방의 이익으로 귀결되는 협상을 궁극적으로 상호의 이익 추구로 만드는 통합협상 전략인 것입니다.

이에 많은 분이 한번도 경험해보지 못한 '통합협상 전략수립'의 체화를 위한 실제 협상사례를 담은 시뮬레이션의 필요성을 강하게 느끼며, 제가 온몸으로 경험하고 기록했던 협상 다이어리를 기반으로 '협상 시뮬레이션'을 만들었습니다. 이를 통해, 여러분께서는 협상이론의 다양한 개념을 확인하실 수 있을 것입니다. 또한 가이드라인에 따라 이를 분석하고, 상호 윈-윈의 통합협상 인사이트를 얻으실 수 있을 것입니다. 또한 실제 비즈니스 협상에 전략적으로 활용할 수 있는 과학적이고 체계적인 협상 프레임워크를 작성하실 수 있습니다. 무엇보다 저는 본 협상 시뮬레이션이 실무 협상교육에 필요한 효과적인 교재로 사용되기를 바라며, 협상교육 가이드라인을 별도로 제시하고 있습니다.

이 책이 여러분의 글로벌 비즈니스 성공협상을 위한 작은 디딤돌이 되기를 진심으로 기원합니다. 특히, 포스트 코로나 시대에 창의적이고 혁신적인 플랫폼을 통해 다양한 유형의 글로벌 비즈니스 협상을 수행해야 할 MZ세대에게 통합협상이라는 진정한 성공협상 전략의 본질적 가치가 전해지기를 바랍니다.

협상 시뮬레이션을
읽기 전에

협상 시뮬레이션 정의

협상 시뮬레이션 정의

협상 시뮬레이션(Negotiation Simulation Case)이란 다양한 산업의 기업들이 비즈니스 협상과 관련한 실제 경험 사례 또는 가상적 사건을 교육의 자료로 활용하기 위해 문서 또는 프로그램으로 재구성한 것을 말합니다.

협상 시뮬레이션의 목적과 학습체계

협상 시뮬레이션의 목적은 다음과 같습니다.

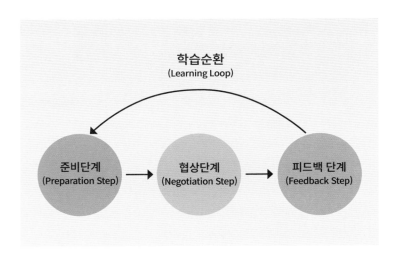

- 가상의 비즈니스 협상 프로세스에서 경영 의사결정 (Management Decision)의 기회를 제공한다. (*가상적 비즈니스

환경에서 실제 경영 의사결정 연습)

- 스터디 구성원과 토론을 통해, 성공협상을 위한 다양한 사고의 논리와 견해를 학습할 수 있다. (*동일한 협상이슈에 관한 다양한 인식의 경험 & 경영적 시야의 폭 확대)

- 단순한 일방적 협상강의 청취가 아닌 자기주도 협상교육이 가능해진다. (*적극적 참여에 의한 학습동기 부여)

협상 시뮬레이션의 학습체계는 다음과 같습니다.

1단계: 협상경험(Simulation Reading)

- 시뮬레이션 속에 자신을 이입하여, 현실감 있는 시뮬레이션 전개 사례에 포함된 다양한 숫자와 그림을 활용한다. (*문제 상황의 신속 파악)
- 협상 시뮬레이션 Q & A에 대한 답안을 작성한다.

2단계: 협상분석(Simulation Analysis)

협상 시뮬레이션 분석노트를 작성한다.(*협상이론 개념 스터디 & 협상 시뮬레이션 주제 도출 & 협상 시뮬레이션 인사이트 분석)

3단계: 협상토론 피드백(Simulation Debate Feed-Back)

스터디 멤버들과 협상 시뮬레이션에 대해 토론한다. (*협상 시뮬레이션 분석노트 기반)

* 준비단계 못지않게 피드백 단계는 매우 중요합니다. 협상 시뮬레이션 과정과 결과물을 모니터링(비교·관찰·토론)하여, 개선점을 도출할 수 있습니다. 또한 필요 시, 협상 시뮬레이션을 반복해 협상능력을 지속적으로 배양할 수 있습니다.

협상의 중요성과 통합협상 전략목표

협상의 중요성

· 개인 및 기업을 포함한 조직의 모든 비즈니스는 협상을 통해 이루어지기 때문입니다.

· 기업의 가치창출 활동인 벨류네트워크(Value Networks) 구성원과의 커뮤니케이션은 협상을 근간으로 하기 때문입니다. 이에 합리적 협상 프레임워크(Rational Negotiation Framework)를 기반으로 한 전략적 커뮤니케이션은 기업가치 창출활동의 안정성과 수익성을 제고할 수 있기 때문입니다.

· 실무자들의 협상능력은 즉각적으로 기업의 수익성과 지속가능성(Sustainability)으로 연결되기 때문입니다.

· B2B · B2C · C2C 거래에서 모든 가격은 협상에 따라 결정되기 때문입니다.

· 협상은 보편적인 진리와 법칙을 지닌 과학이기 때문입니다.

· 통합협상을 통해 공동체 구성원과 더불어 살아가는 아름다운 삶을 추구할 수 있기 때문입니다.

통합협상 전략목표

· 벨류네트워크 구성원인 협상 파트너와의 지속적인 윈–윈 관계 구축 속에서 상호 수익성 제고와 이의 지속가능성 확대!

경쟁 속 협력을 뜻하는 코페티션(Copetition)의 가치를 담은 협상태도를 견지할 때, 혁신적인 4차 산업혁명 시대에 상호 경쟁과 협력으로 오히려 시장의 파이를 창조적으로 키우는 윈–윈 전략을 모색할 수 있습니다.

* 통합협상(Integrative-Negotiation): 윈–윈 협상(Where there is the possibility of mutual gain)
* 분배협상(Distributive-Negotiation): 제로섬 협상(Single issue, where one party's loss is another party's gain)
* 코페티션(Copetition): 협력(Cooperation) + 경쟁(Competition) <Written by 배리 J. 넬버프 교수(예일대)와 애덤 M. 브랜든버거 교수(하버드대), 1996>
* 핵심 메시지: 급변하는 내·외부 경영환경의 위험에 개인이나 조직이 단독으로 그리고 신속하게 대처하기 어려우므로, 경쟁업체와의 협력을 바탕으로 상호 시너지 획득을 통한 경쟁역량 강화가 경영 위기의 새로운 대비책이다.

통합협상 전략의 5가지 포인트는 다음과 같습니다.

1) 협상의 과학화·체계화

2) 지속가능 동반성장 솔루션 모색

   * 단편적으로 일방의 이익으로 귀결되게 보이는 협상을 궁극적으로
     상호의 이익 추구로의 전환을 위한 새로운 협상 패러다임(Negotiation
     Paradigm)을 제시합니다.

3) 실무 즉시 적용 가능한 협상 프레임워크(Negotiation Framework)
   구축

4) 협상 만족도 및 협상스킬(Negotiation Skill) 제고를 위한 통
   합협상 전략 디자인 및 실행

5) 합리적 협상 메커니즘(Rational Negotiation Mechanism) 교육
   을 통한, 협상 전문가(Negotiation Expert) 양성

   * 협상능력과 비즈니스의 실제적 성과와의 연관성(Negotiation Power -
     Performance Relationship) 제고를 위한 통합협상 전략 디자인 및 실행
     준비가 반드시 필요합니다.

지금까지 '협상 시뮬레이션의 목적과 학습체계' 및 '협상의
중요성과 통합협상 전략목표'를 이해하셨다면, 이제 본격적으
로 글로벌 비즈니스 협상 시뮬레이션에 참여하겠습니다!

협상 시뮬레이션

협상 시뮬레이션 케이스

청정알코올과 TW 군부 사이의 문화 간 협상

회사와 산업에 대한 개괄

2006년에 청정알코올(가칭)은 한국 에탄올 산업의 중견기업이었다. 한국에서 에탄올은 주로 증류된 주류를 위한 원료로 사용되어왔다. 에탄올 산업을 외국경쟁 회사로부터 보호를 요하는 산업의 하나로 분류한 규제 덕분에 청정알코올은 안정적인 시장의 입지를 유지할 수 있었다. 그러나 규제는 보호적인 측면을 제공하기도 했지만, 동시에 사업범위를 제한함으로써 에탄올 회사들에게 상당한 성장한계 또한 가져다주었다. 이러한 규제들은 국내 에탄올 시장의 성장 잠재력을 약화시킴으로써 청정알코올은 지속가능성장을 위한 새로운 비즈니스 모멘텀을 찾아야 했다.

청정알코올의 주요 사업분야(즉, 주정 제조)는 정부의 강한 규제를 받았고, 당시 국내의 시장규모도 정체기에 있었기 때문에 회사는 성장동력을 위한 새로운 기회를 찾고자 했다. 여러 기회 중에서 상당한 글로벌 성장 잠재력과 자연친화적 미래가치를 고려해 봤을 때, 바이오 에탄올(Bio-Ethanol) 비즈니스가 가장 전도유망해 보였다(첨부자료: 그림 1). 그 당시 바이오 에탄올은 글로벌 마켓에서 자동차 연료로서 가솔린을 대체할 만한 매우 긍정적 잠재력을 지닌 대체 에너지원(Alternative-Energy) 중 하나가 될 조짐을 보였다. 그래서 바이오 에탄올 산업은 세계적으로 점점 더 많은 관심을 받게 되었다. 많은 나라가 유엔의 기후변화협약과 관련된 교토 의정서의 요구사항을 이행하기 위해, 보조금을 지급하고 다른 나라로부터 에탄올 산업을 보호하면서 바이오 에탄올의 사용을 장려하고 개발을 독려하고 있었다. 1997년 채택된 교토의정서는 2008년에서 2012년까지 5년간에 걸쳐 선진국들이 1990년의 수준과 비교해서 5%의 온실가스를 줄이도록 하는 의무적인 목표치를 설정했다. 바이오 에탄올 산업은 대체 에너지와 관련된 핵심산업으로서 각광을 받았고 교토의정서의 의무를 이행해야 하는 나라들은 대체 에너지를 통해 설정된 목표치를 달성하는 한편 이산화탄소 배출을 줄이려는 자신들의 노력을 보여줄 수 있었다. 시카고 선물거래소(CBOT)에서 국제 바이오 에탄올 거래량이 상당히 증가한 것도 바로 이러한 이유 때문이었다.

바이오 에탄올 산업의 성공에서 핵심적 요소는 싼 가격에 고구마, 사탕수수, 옥수수 같은 전분질 원료를 안정적으로 공급받을 수 있게 하는 것이다. 따라서 많은 에탄올 회사가 이러한 원료의 안정적 공급량을 확보하려고 노력했다. 청정알코올의 경우도 마찬가지 상황이었다. 청정알코올은 바이오 에탄올 산업에 뛰어들기로 결심한 후 바이오 에탄올을 위한 원료를 찾는 데 주력했다. 바이오 에탄올 생산을 위한 잠재력 있는 원료와 재료를 조사하는 동안, 청정알코올은 타피오카(첨부자료: 그림 2)가 바이오 에탄올 생산에 효과적 원료로 이용될 수 있다는 사실을 알게 되었다. 그들은 또한 한 제3세계 국가(이후로는 TW)가 타피오카의 주요 생산국이라는 사실도 확인할 수 있었다. TW는 동남아시아에 위치한 경제발전 수준이 낙후한 나라였다. 2006년, 그 나라에서 타피오카를 확보하는 일에 별다른 경쟁자가 없었고 어떠한 진입 장벽도 없었다. 운이 좋게도 청정알코올은 그 나라 정부가 관여하는 농업관련 사업에 참여하는 회사의 대주주였다. 이러한 이유로 해서 청정알코올은 TW와 우호적 관계를 유지할 수 있었고, TW에서 사업을 하는 데 앞선 사업경험 노하우와 유용한 정보를 얻을 수 있었다. 이러한 요소들을 고려해보았을 때, 청정알코올이 바이오 에탄올 사업을 시작하려는 시점에서 TW가 최상의 선택지로 여겨졌다.

청정알코올은 TW를 바이오 에탄올 생산을 위한 최선의 원료 공급처라고 확신했기 때문에, 그곳에서 타피오카 공급망에 대한 시장조사를 실시했고 TW의 군부가 적당한 협상 파트너가 될 수 있다는 결론을 내리게 되었다. 이것은 TW의 정치적 성격 때문이었다. 군부가 정치에서 상당한 힘을 가졌고 농업을 포함해 경제의 주요 부문도 장악하고 있었다. 그래서 청정알코올은 TW의 군부와 협상함으로써 많은 양의 타피오카를 안정적으로 확보하기를 기대했다.

TW의 군부와 협상을 시작할 때쯤 청정알코올은 이미 TW의 수도에 바이오 에탄올 공장을 지었고, 예상 완공 시기는 2007년 2월이었다. 점차 완공 날짜가 다가옴에 따라 원료의 안정적 공급이 가장 시급한 문제로 부상했다. 청정알코올의 시장조사와 사업계획서에서 얻은 정보를 토대로 효율적으로 타피오카를 생산하려면, 1년에 최소한 50,000~80,000톤의 타피오카가 필요했다. 게다가 유럽 바이어와 바이오 에탄올 판매 계약을 이미 체결한 상태였고, 한국회사의 첫 바이오 에탄올 수출 사례가 되는 셈이었다. 그런 까닭에 바이오 에탄올 생산과 선적이 지연되거나 문제가 발생하면 판매계약의 손해배상 조항에 따라 상당한 금액의 위약금을 물어야 했다.

이와 더불어 이미 언론은 국내기업의 첫 바이오 에탄올 공장의 완공과 첫 바이오 에탄올의 수출을 예상하면서 청정알코올에 관한 기사를 게재한 상태였다. 청정알코올은 증권거래소(주식, 선물옵션을 포함한 유가증권 거래를 위한 통합거래소)에 상장되었고 주식가격은 회사의 주력사업으로서 위치를 차지하는 바이오 에탄올 사업의 전망에 따라 민감하게 반응하고 있었다.

또한 이러한 진취적 노력에 자금을 대기 위해 회사는 신디케이트를 구성해서 유가증권을 발행했고, 이를 통해 여러 은행으로부터 상당한 액수의 자금을 대출받을 수 있었다. 첫해의 이자를 갚기 위해 회사는 바이오 에탄올 공장의 완공 즉시 바이오 에탄올의 첫 생산을 성공적으로 달성해야만 했다. 이와 같은 모

단계	내용	일시
1	적절한 협상 파트너 물색	
2	첫 번째 접촉	3월 20일
3	첫 번째 만남	3월 25일
4	합동 시장조사에 대한 합의	4월 5일
5	합동 시장조사	4월 15일~5월 25일
6	조사결과 발표와 심각한 문제에의 직면	5월 28일
7	상처 입은 관계의 회복	5월 30일

8	첫 비공식 만남	6월 1일
9	거래량과 재정지원에 대한 합의	6월 10일
10	가격에 대한 입장차	6월 15일
11	사안의 시급함에 대한 의견 교환	7월 1일
12	성공적인 협상을 위한 추가적인 노력	7월 3일
13	최후통첩과 이에 대한 수락	7월 5일
14	계약 체결	7월 23일

든 상황이 청정알코올의 미래가 바이오 에탄올 사업에 달려 있음을 보여주었다.

청정알코올과 TW 군부와의 협상과정

타피오카가 바이오 에탄올의 원료로 적합하다는 확신을 가지고 그것을 이용하기 위해 노력했다. 그러한 이유 때문에 청정알코올은 TW에 새로 완공된 공장에 지속적으로 타피오카를 공급해야 했고, 이를 위해 전 방위적인 회사 차원의 노력을 기울였다. 이를 위해 청정알코올은 TW 군부와 장기간에 걸친 집중적인 협상을 하게 되었다. 협상의 단계별 과정과 세부내용은 아래에 요약되어 있다.

1. 적절한 협상 파트너 물색

　타피오카를 안정적으로 공급받기 위해 청정알코올이 취한 첫 단계는 TW에서 타피오카의 생산과 분배를 좌지우지하는 거래 파트너를 찾아내는 것이었다. 이를 위해 청정알코올은 전략팀을 구성해 TW의 타피오카 산업에 대한 조사를 실시했다. 그들의 연구 결과에 따르면 지역 농민연합, 개인이 운영하는 전문 기업들, 정부기관이 운영하는 기관들의 형태로 많은 다양한 타피오카 공급자들이 존재했다. 청정알코올은 철저한 시장조사에 근거해서 장기적 관점으로 보았을 때, 정부가 운영하는 기관과 거래하는 것이 오랜 기간에 걸쳐 싼 가격에 많은 양의 타피오카를 확보할 수 있는 유일한 방법이라고 결론 내렸다.

　다양한 정부 운영 기관 중에서 TW 군부가 타피오카의 주요 생산자였다. 또한 군부가 TW에서 정치적으로 상당한 힘을 가졌기 때문에 군부와 일하는 것이 청정알코올에게는 성공적인 사업을 촉진하기 위한 기회였다. 또한 다가오는 선거가 TW에서 주된 관심사였는데, 대다수 여당 의원들이 군부 출신이었다. 이 선거에서 승리하기 위해 군부와 여당은 경제를 발전시키기 위해 자신들이 애쓰고 있다는 사실과 대부분이 농민인 국민의 이익을 위해 자신들이 노력한다는 것을 보여줄 기회를 찾고 있었다. 그래서 농업분야에서 외국계 회사와의 상당한 규모의 계약은 다가올 선거에서 집권여당에 긍정적인 효과를 가져올 것으로 판단했다. 이러한 상황을 고려해 청정알코올의 전략팀은 TW 군부와 장기간의 타피오카 공급계약을 위한 협상을 시작하기로 결정했다.

2. 첫 접촉(3월 20일)

이날 청정알코올이 타피오카를 구입하겠다는 의사를 전하기 위한 공식 서한을 처음으로 TW 군부에 전달했다. 당시 청정알코올의 바이오 에탄올 공장은 이미 건설 중이었는데, 바이오 에탄올 사업을 위해 여러 공급자와 많은 계약을 체결하는 것은 인력이 제한된 중소기업으로서는 힘든 일이었다. 그래서 군부의 관심을 끌고 이러한 잠재적 사업관계에 관한 회사 측의 진심을 전달하기 위해 상당히 심혈을 기울여 서한을 작성했다. 그 서한에서 회사 측은 그 거래에서 얻고자 하는 바를 썼고, 회사의 경영전략에 대한 설명도 첨부해서 적었다. 청정알코올은 또한 기존사업으로부터 안정적인 수입을 얻고 상당히 탄탄한 재정적 구조를 바탕으로 증권거래소에 상장되었다고 덧붙여 썼다. 또한 회사 측은 총 매출액 측면에서 살펴봤을 때 외국계 기업 중에서 2번째로 TW에 사회적 공헌을 한다는 점을 강조했다. 이러한 정보에 기초해서 청정알코올은 자신들이 이 프로젝트로부터 이익이 발생하게 되면, 그 나라의 경제와 사회적 측면에 도움을 주겠다고 단언했다. 3월 23일 청정알코올은 TW의 군부로부터 연락을 받았는데 협상시작에 동의한다는 내용의 전화였다.

3. 첫 만남(3월 25일)

청정알코올의 전략팀과 TW 군부 대표단과 첫 만남은 서로 안면을 트는 자리였다. 두 협상단은 TW의 미래와 그 나라의 경제성장이 어느 정도 가능한지에 대해 이야기를 나누었다. 첫 만남에서는 협상 내용과 관련된 가격이나 거래량에 대한 언급은 없었다. 대신 현재의 바이오 에탄올 산업에 대한 자세한 설명과 전망에 대해 주로 대화를 나누었다. 청정알코올 측은 바이오 에탄올 산업이 장래의 기반산업 중 하나가 될 것이라는 사실을 역설하면서, 이번 거래와 그 결과로 생겨난 TW 바이오 에탄올 산업의 발전이 군부뿐만 아니라 그 나라 전체에 큰 이익을 가져다 줄 거라는 의견을 피력했다.

처음으로 만나는 자리에서 청정알코올 측은 군부에 시장조사를 해달라고 요청하였다. 특히 그들은 재배농민들 수와 주요 타피오카 생산지에 대한 정보뿐 아니라 현재 공급 가능한 타피오카의 양에 대한 정보를 알아봐 달라고 요청했다. 청정알코올은 이미 자체적으로 TW와 그 인근 국가에서 타피오카에 대한 시장조사를 마친 상태였다. 그러나 그들은 제3세계의 정부들이 외국계 회사에 종종 우호적이지 않다는 것을 잘 알았다. 그래서 철저한 시장조사가 상당히 힘들다는 것을 알고 있었다. 하지만 그들은 타피오카 공급량과 가격에 대한 어느 정도의 자체적인 정보를 가지고 있었다. 군부에 시장조사를 요청한 것은 시장에 대해 좀 더 정확한 그림을 획득하고 동시에 사업 파트너로서 군부의 능력과 신뢰성을 검증하기 위해서였다.

청정알코올이 보여준 적극적인 태도와 강력한 메시지를 통해, TW 군부는 청정알코올 측이 장기간에 걸친 비즈니스 관계를 이루고자 열망한다는 사실을 확신하게 되었고, 비즈니스 협상에만 전념하기 위한 업무추진팀을 꾸리게 되었다. 대령을 실무자로 하고 준장을 단장으로 하는 군부의 업무추진팀이 구성되었다.

4. 합동 시장조사에 대한 합의(4월 5일)

첫 만남이 있고 난 후 열흘 뒤에 두 협상단은 다시 만났고, 군부 측은 자신들이 시장조사로부터 얻은 자료들을 보여주었다. 군부 측은 매년 60,000톤의 타피오카를 운송비와 다른 관리비용을 제외하고 톤당 140달러로 공급할 수 있다고 얘기했다. 관리비의 경우 타피오카 생산지의 위치에 따라 추가적으로 톤당 10~20달러에 이를 수 있었다. 이러한 정보는 청정알코올이 자체 조사한 것과는 상당히 다른 내용이었다. 청정알코올 측에서 실시한 조사결과에 따르면 1년에 공급할 수 있는 양은 18,000톤이었다. 이 양은 청정알코올에서 요구하는 양에 미치지 못했기 때문에 회사는 TW와 그 인근 국가들의 지역회사들로부터 추가적으로 타피오카를 확보하려는 계획을 갖고 있었다. 그러나 여전히 청정알코올은 TW의 군부로부터 가능한 한 많은 양의 타피오카를 확보하는 데 초점을 맞추었는데, 이는 장기간 대량으로 원료를 공급받기 위한 공급처로 군부가 믿을 만했기 때문이었다. 타피오카의 가격적 측면에서 청정알코올은 합리적 가격이 운송비와 다른 관리비를 제외하고 톤당 65~75달러라고 생각했고, 그 가격은 군부가 제시한 톤당 140달러에 한참 못 미치는 액수였다.

청정알코올은 군부가 조사한 내용과 자체적으로 조사한 타피오카의 공급량과 가격에 대한 예상치 사이에 차이가 난다는 데 주목해서 양측의 시장조사 결과 차이를 최소화하고자 타피오카 공급의 전 과정에 대한 합동 시장조사를 실시하자고 제안하게 되었다. 이 제안을 군부가 받아들였고 합동 시장조사가 이루어졌다.

5. 합동 시장조사(4월 15일~5월 25일)

두 협상단이 합의한 후, 합동 시장조사가 40일 동안 이루어졌다. 조사팀은 3명의 군부 측 장교와 청정알코올 측의 전략팀 5명으로 구성되었다. 그들은 타피오카 농장을 찾아 나섰고 토지의 비옥도, 노동 숙련도, 타피오카의 예상 품질과 수량을 조사했다. 이러한 합동조사의 결과, 조사팀은 그해 동안 공급 가능 예상량이 30,000톤에 달한다는 결론에 이르렀다. 이러한 예상 산출량 중에서 10,000톤의 타피오카는 품질이 떨어져서 바이오 에탄올의 원료로는 적합하지 않았다. 그러므로 군부는 첫해에 20,000톤 정도만 공급할 수 있었다. 청정알코올은 자신들이 처음 했던 자체 조사결과를 믿고 미리 생각해두었던 다른 경로를 통해 추가로 타피오카를 구입할 계획을 세웠다.

6. 조사결과의 발표와 심각한 문제의 직면(5월 28일)

합동조사단은 합동조사 결과를 군부의 업무추진팀과 청정알코올의 전략팀에 보고를 했다. 이러한 합동조사 결과로부터 군부 측에서 제시한 처음의 생산량이 정확하지 않고, 군부를 통해서 공급받을 수 있는 실질적인 타피오카의 양이 군부의 추정치에 상당히 못 미친다는 사실이 분명해졌다.

이 만남 동안 청정알코올은 이전 만남에서 군부가 처음에 제시한 타피오카 가격에 문제를 제기했다. 인근 국가들뿐만 아니라 TW 국내시장을 고려해보았을 때, 그 가격은 합당하지 않다고 이야기했다. 청정알코올의 입장에서 보면 이러한 언급은 비판이라기보다는 협상을 진척하려는 적극적인 행동이었을 것이다. 그러나 그 결과는 회사 측 예상을 벗어나는 것이었다. 가격 문제가 제기되자마자 군부의 협상팀 단장(금번 만남에서는 사령관)이 버럭 화를 내며 주먹으로 책상을 치고는 좀처럼 화를 삭이지 못하고 방을 떠나버렸다. 이 사건의 여파는 상당히 심각했다. 장군이 방을 떠난 뒤 남아 있던 군부의 협상단 또한 자리에서 일어나 회의장을 떠나버렸다. 그렇게 회의가 끝나버리자 청정알코올의 전략팀은 문제가 무엇이었고, 이를 해결하기 위해 무엇을 할 수 있는지에 관해 곤혹스러워하면서 회의장을 나섰다.

청정알코올은 이 사건의 숨은 연유를 알기 위해 TW의 산업경제부 장관에게 도움을 요청했다. 장관은 청정알코올 측과 개인적으로 친분이 있었기 때문에 친절하게 청정알코올 측에게 이유를 알려주었다. 그는 한 단체의 장을 다른 부하직원 앞에서 비판하는 것은 TW 문화에서는 적절치 못한 행동으로, 그러한 비판은 모욕으로 여겨질 수 있다고 했다. 그래서 군부에 행한 시장조사가 부정확했다는 말이 사령관의 능력에 대한 비방으로 여겨 모욕감을 느끼게 한 원인이었다. 자신들의 부적절했던 실수를 깨닫자마자 청정알코올 측은 자신들이 이러한 문화를 진정 몰랐다고 이야기했고, 장관에게 자신들의 진의를 사령관에게 전달해달라고 부탁했다.

7. 상처 입은 관계의 회복(5월 30일)

장관의 중재 노력으로 또 다른 만남이 두 당사자 사이에 주선되었다. 이 만남에서 청정알코올은 한국의 협상문화를 설명했고, 자신들의 무지와 무례한 행동에 대해 사과의 뜻을 전했다. 사령관은 이를 받아들여 화해의 제스처로 청정알코올은 비공식적인 모임에 초대를 했고, TW 군부 측은 이에 응했다.

8. 첫 번째 비공식 만남(6월 1일)

두 협상단 사이의 첫 비공식 만남이 한 연회장에서 이루어졌다. 양측 협상단은 술집에서 노래를 부르고 서로 술잔을 기울이며 친목을 다졌다. 이 만남이 있은 후 그들은 자주 함께 모여 술을 마셨으며, 더 돈독한 상호간의 신뢰를 쌓기 시작했다. 이 만남이 양측에 다 편안한 분위기로 진행된 비공식적인 자리였지만, 청정알코올은 협상이 양측 모두에게 이익을 가져다주기를 기대한다는 말을 전하면서 자신들의 호의적인 동기를 계속해서 강조했다. 청정알코올은 자신들이 양측의 이익 모두를 보장하기 위하여 모든 노력을 기울인다는 점을 강조했다. 또한 TW 군부에게 자신들이 현재 다른 원료 공급처를 찾고는 있지만 군부와 협상은 계속되기를 희망하며, 자신들에게 타피오카의 최대 공급처가 되어주기를 희망한다고 전했다.

9. 거래량과 재정 원조에 대한 합의(6월 10일)

5번째 만남에서 양측은 첫해에 공급 가능한 타피오카 양이 20,000톤이라는 데 의견의 일치를 보았다. 이 때문에 이 만남은 협상에서 전환점을 제공해주었다. 청정알코올은 1년에 필요한 타피오카의 양이 50,000~80,000톤이었기 때문에, 군부에 자신들이 다른 경로를 통해 첫해의 나머지 부족분을 조달하겠다는 의사를 전했다. 그러나 한편으로는 군부에 양측 사이의 거래량을 늘리기를 희망한다고 전하고 더 많은 타피오카를 재배할 것을 제안했다. 군부는 이에 긍정적 반응을 보였다. 그럼에도 불구하고 자신들도 타피오카의 생산량을 늘리고 싶지만, 타피오카 씨앗을 구입하는 비용을 추가로 조달하는데 어려움이 있어서 가능하지 않다는 입장을 보였다. 청정알코올은 제3세계 국가에서 정부 운영기관이 재정 면에서 힘들다는 점을 자각했고, 이에 원료가 운송될 때 지급하는 총매입 금액에서 선지급 비용을 제하기로 하는 조건으로 타피오카 씨앗 구매를 위한 재정적인 원조를 제안했다. 창의적이고 협력적인 제안을 통해 청정알코올은 협상에서 윈-윈 분위기를 조성했다. 군부는 그 제안을 받아들였고, 이듬해부터 계속 매년 50,000톤까지 생산량을 증가하기로 했다.

10. 가격 문제에서의 견해차(6월 15일)

첫해와 그 후에 공급할 양에 대한 합의를 이룬 후 여섯 번째 협상에서는 가격문제로 협상이 시작되었다. 청정알코올 측은 자신들의 시장분석에 근거해 공장도착 기준으로 톤당 75달러를 제시했다. 그러나 군부 측은 공장도착 기준으로 톤당 130달러의 가격을 요구했다. 청정알코올은 이미 유럽의 회사와 첫 수출계약에 서명한 상태였는데, 이 수출에서 어느 정도의 이윤을 남기려면, 타피오카 가격이 공장도착 기준으로 97달러를 넘어서는 안되었다. 당시에 청정알코올 측이 제시한 75달러는 회사 측이 공식적으로 제시한 최상의 기대가격이었다. 그러나 실제로는 97달러까지 받아들일 용의가 있었다. 그렇기 때문에 톤당 130달러는 청정알코올 입장에서는 터무니없는 액수였다. 그리고 청정알코올 측은 합의를 이루지 못한 것에 대해 매우 실망스러움을 나타냈다.

11. 사안의 시급함에 대한 의견교환(7월 1일)

양측에서 기대하는 가격의 차이가 상당했기 때문에 협상은 2주 동안 교착상태에 빠졌다. 청정알코올은 시간상 압박을 받고 있었기 때문에 무슨 일이 일어나기를 한가로이 앉아서 기다릴 수만은 없었다. 그들은 움직이기로 했고 자신들의 협상의 시급함을 강조하는 서한을 군부에 전달하기 위해 준비했다. 특히 서한에서 그들은 만약 최종합의가 7월 말까지 이루어지지 않는다면, 청정알코올은 상당한 금액의 기회비용을 지급해야 하는 처지에 놓이게 될 것이라는 의사를 전달했다. 만약 청정알코올이 사업에 필요한 원료를 획득하기 위한 최종합의를 이루지 못한다면, 청정알코올은 에탄올 사업에서 외국계 기업을 위한 세금면제와 같은 TW 정부의 개발위원회에서 제공하는 어떠한 해외투자 인센티브도 취할 수 없었기 때문이다. 청정알코올은 이러한 상황을 전하면서 자신들의 실망감을 표현했고, 나아가 개발위원회에서 부과한 공식적인 요구조건을 충족하려면 타피오카를 생산하는 다른 비즈니스 파트너를 찾아야만 하는 자신들의 현재 입장을 전달했다.

12. 협상의 성공을 위한 추가적인 노력(7월 3일)

청정알코올은 공식서한으로 의견을 전달한 다음 TW 군부와 7번째 만남을 마련했다. 이 만남에서 청정알코올은 군부에게 이 협상이 그들에게 이익이 될 것임을 확신시키기 위해 최선의 노력을 기울였다. 첫째, 청정알코올은 그 나라에서 자신들의 사업을 국가적 관심사로 합법화하기 위해 산업경제부 장관을 초대해 협상에 참여케 하고 협상과정을 모니터링하게 했다. 그 만남을 통해 장관은 청정알코올 측의 주장을 지지하며 회사 측의 입장에 힘을 실어주었다. 둘째, 청정알코올은 사람들이 준비한

"TW의 번영을 바라며"라는 문구가 적힌 명함을 나누어 주었다. 이것은 청정알코올이 자신의 회사의 이익만을 추구하기 위해서가 아니라, TW의 이익을 위해 그곳에 있다는 것을 보여주었다. 마지막으로 청정알코올은 TW 군부와 정부가 이번 계약을 통해 얻을 수 있는 비경제적 이익을 다음과 같이 강조했다. "바이오 에탄올은 핵심 대체 에너지 중 하나로 세계적으로 상당한 주목을 받고 있고, 국내에 바이오 에탄올 공장을 갖는다는 것은 장래에 TW에 이익을 가져올 것이다. 또한 이 사업은 장래에 환경오염 없는 개발 메커니즘이 다른 나라에서 받아들여진다면 TW에 이익을 가져올 것이다. 특히, 다가오는 선거를 바라볼 때, 이번 계약은 TW 국민들에게 군부와 정부가 경제, 특히 TW의 핵심산업인 농업분야에서의 발전을 가속화하려는 실효적 노력으로 강력하게 인식될 것이다."

청정알코올의 협상자들은 이런 모든 요소가 현재의 타피오카 협상에 대한 군부의 관점을 바꾸는 데 도움이 되었다고 믿었다. 7번째 만남이 끝나갈 무렵 군부 협상단은 공장도착 기준으로 톤당 110달러로 가격을 낮추었다. 하지만 여전히 청정알코올 측에는 만족스럽지 못한 가격이었다.

13. 최후통첩과 수락(7월 5일)

7번째 협상에서 많은 노력을 했음에도 불구하고 청정알코올은 여전히 군부에게 만족할 만한 가격 제시안을 받아낼 수 없었다. 그러나 TW의 개발위원회가 제시한 마감시한이 7월 31일인 것을 감안하면 군부와 협상을 더 길게 할 시간적 여유가 없었다. 그래서 7월 5일 청정알코올 전략팀은 협상 파기를 무릅쓰고 거래를 마무리하기 위해 곧장 협상의 총책임을 맡고 있는 사령관의 사무실을 찾아갔다. 청정알코올은 군부 협상팀에게 공장도착 기준으로 톤당 90달러가 자신들이 제시할 수 있는 최대치라고 전했다. 청정알코올이 군부에 전달한 마지막 제안이었음에도 전략팀의 협상자들은 자신들의 입장을 뒷받침하기 위해 수량화된 자료와 시장정보를 보여주며 설득하였다. 청정알코올은 모든 기밀정보를 공개하고 모든 자료를 활용해 톤당 90달러라는 최종 결정을 내렸기 때문에 자신들의 제안이 양측의 요구를 둘 다 만족시킬 수 있는 최선의 해결책이라는 점을 분명히했다. 이런 단도직입적이고 솔직한 태도에 사령관은 몇 분간 고심한 후, 청정알코올이 제시한 가격으로 거래하기로 결심하게되었다.

14. 계약체결(7월 23일)

청정알코올과 TW 군부는 마침내 계약서에 서명을 했다. 최종 계약서에 서명하는 동안 양측의 분위기는 매우 화기애애했다. 그리고 양측 모두 협상에 매우 만족했다. 최종 계약서의 자세한 내용들은 다음과 같다.

- 가격 : 타피오카 톤당 90달러(공장도착 기준)
- 총 계약 금액 : $19,800,000.00(천구백팔십만 달러)
- 기간 : 5년
- 수량 : 총 220,000톤(첫해에 20,000톤 남은 4년간 50,000톤씩)

협상 시뮬레이션 실행전략

이번 협상에서 청정알코올은 다양한 효과적인 협상전략을 활용했다. 아래는 이를 요약한 것이다.

1. 협상을 간절히 원한다는 것을 보여주기

협상 시작 전에 바이오 에탄올 생산공장을 짓기 시작함으로써 청정알코올은 TW 군부와 성공적인 협상을 열망한다는 점을 드러냈다. 이러한 행동은 청정알코올이 바이오 에탄올 비즈니스에 대한 강력한 의지를 가지고 있다는 점과 동시에 TW의 경제발전에 기여하고자 하는 진심어린 소망을 가지고 있다는 점을 군부에 명확히 인식시켜, 결국 군부를 긍정적으로 설득하는 데 효과적으로 작용했다.

비록 이러한 행동의 결과가 긍정적으로 평가될 수도 있지만,

발생할 수 있는 부정적 결과를 고려하지 않고 뛰어든다면 위험할 수도 있다. 이 건에서는 청정알코올이 대안으로써 다른 타피오카 공급처를 가지고 있었다. 그래서 TW에 바이오 에탄올 공장을 짓는 것은 군부에서 타피오카를 공급 받던 받지 않던 간에 큰 위험이 아니었다. 이 협상에서 만족스러운 결과를 달성하리라는 점이 불확실했기 때문에 만약에 그들이 타피오카 공급처에 대한 다른 대안이 없었다면, 바이오 에탄올 공장의 건설은 엄청난 리스크가 될 수 있었다.

2. 시장조사를 위한 합동 시장조사팀 구성

군부가 조달할 수 있는 타피오카의 기대량에 대한 군부와 청정알코올의 자료 사이에는 상당한 차이가 있었다. 이러한 큰 차이를 확인한 청정알코올은 공급 가능한 타피오카의 양을 정확히 수량화하기 위해 군부에게 합동조사팀을 구성해 시장조사를 하자고 제안했다. 군부가 추정한 처음의 양을 비판만 하는 대신에 청정알코올은 긍정적이고 생산적인 조치를 취했고, 그 문제를 재조사하고 차이를 줄이기 위해 상호협력을 추진했다. 이러한 건설적인 접근법으로 양측 모두 정확하게 공급 가능한 타피오카의 양을 파악할 수 있었다. 더욱더 중요한 것은 청정알코올이 비판을 통해서가 아니라, 상호협력을 통해 어렵게 싹튼 우호적 비즈니스 관계에 해를 입히지 않으면서도 군부에게 자신들의 보고서 조사내용과의 차이를 알게 해주었다.

3. 제3자의 중재

문화적 오해로 인해 청정알코올은 협상기간에 협상 파트너의 총책임자인 사령관에게 뜻하지 않은 모욕감을 주는 심각한 실수를 저질렀다. 군부와 관계를 복원하는 데 제3자의 중재를 이용한 전략은(본 사례의 경우에는 산업경제부 장관) 매우 효과적이었던 것으로 증명되었다. 청정알코올은 자신들의 본의와 진심어린 사과를 전달하기 위해 안면이 있던 장관의 도움을 구했다. 장관은 양측의 오해를 풀고 다시 양측을 협상 테이블로 데려오는 데 중요한 역할을 했다. 게다가 7월 3일 열린 회의에서 장관은 성공적인 협상으로 군부가 얻을 수 있는 이익에 대한 청정알코올의 주장을 지지해줌으로써 다시 한번 청정알코올에 도움을 주었다. 그러므로 만약 두 협상자가 서로 일면식이 없거나 의견을 전달하는 데 어려움을 겪고 있다면, 양측 모두와 친분이 있는 중간자적인 제3자의 개입이 협상의 과정을 촉진하고 더 나은 협상의 결과를 가져오는 데 상당한 역할을 할 수 있다.

4. 공통된 목표에 근거한 창의적인 문제해결

양측은 협상 초반에 거래량에 대한 생각을 공유했다. 그러나 군부는 타피오카 씨앗을 사는 데 자금이 없었고, 이러한 사실을 협상과정에서 청정알코올에 전했다. 다시 말해, 청정알코올과 TW 군부는 중장기 관점에서 거래량을 늘리는데 상호 동의했다. 하지만 군부는 제약조건 때문에 청정알코올과는 다른 위치를 견지하고 있었다. 청정알코올은 거래 성사일에 지급될 총금액에서 감한다는 조건으로 군부에 자금을 지원해주겠다고 제안함으로써 군부가 처한 제약상황에 반응했다. 군부와 청정알코올이 원하는 것은 각각 씨앗을 사기 위한 자금과 많은 양의 타피오카였다. 타피오카의 생산량을 늘리려는 공통의 목표를 달성하기 위해 창의적이고 열린 마음으로 접근한 것이 양측의 이해관계를 모두 만족할 수 있었다.

5. 통합적 해결책을 위한 방향의 재설정

협상 초기에 양측은 타피오카의 가격에서 상당한 의견 차이를 경험했다. TW 군부는 청정알코올의 제안(톤당 75달러)과는 상당히 거리가 있는 금액(톤당 130달러)을 요구했다. 상당한 금액 차이로 청정알코올은 군부의 처음 제안을 수용할 수 없는 부정적인 상황이었다. 이렇게 상당히 경쟁적이고 분배적인 협상 상황에서 협상자들은 자신의 입장을 고수하려는 경향이 있고, 이 때문에 합의를 진전시키지 못하곤 한다. 그러나 청정알코올의 경우, 협상의 틀을 재조정하려고 애썼고, '가격협상'이라는 경쟁적 협상의 틀에서 '양측의 이윤 극대화'라는 통합적 협상의 틀로 바꿔갔다. 즉, 청정알코올은 '상호이익에 부합'이라는 통합적 협상전략을 새로이 수립한 것이다. 그리하여, TW 군부와 정부는 협상을 통해 그들이 얻을 수 있는 이익을 명확히 인지하게 된 것이다. 이를 위해 청정알코올은 그 나라에서 군부의 정치적 상황을 이용했다. 청정알코올은 협상의 성공이 현 정부와 군부가 TW의 경제를 발전시키려는 노력의 일환으로 비춰질 것이라는 사실을 강조했다. 그러면서 장기적으로 보았을 때, 성공적인 협상이 군부에게 자신들의 정치적 입지를 강화해 줄 수 있다는 비경제적 가치를 확인해주었다. 이러한 노력의 결과로 군부는 청정알코올의 최종 제안(톤당 90달러)을 받아들이게 되었다. 결과적으로 성공적인 협상에서 얻을 수 있는 양측의 공통된 이익을 확인시켜줌으로써 청정알코올은 상충되는 문제(즉 타피오카의 가격)에 관한 의견차를 줄일 수 있었다. 이것이 성공적 결과를 만든 핵심전략인 것이다.

6. 긍정적으로 협상의 틀 잡기

청정알코올의 협상 위치에 긍정적으로 영향을 미친 중요한 요소는 다가오는 TW의 선거였다. 당시 TW 정부는 군부 쿠데타로 집권했기 때문에 군부와 정부는 자신들의 능력과 TW의 발전을 향한 자신들의 열망을 증명해야만 했다. 이러한 상황을 고려해 청정알코올은 군부 협상단에게 지속적으로 협상의 성공적 결과가 군부의 TW 경제발전을 위한 실제적 공헌이 있음을 보여주는 증거로 작용할 수 있다고 호소했다. 이러한 메시지는 다가오는 선거에서 성공적인 협상결과가 현 정부의 승리에 도움이 될 수 있다는 것을 TW 군부에 강하게 각인시켜주었다. 협상을 하는 내내, 비즈니스 협상에서 정치적 의미의 암시가 군부의 협상에 대한 태도에 영향을 끼쳤다. 청정알코올은 이번 협상으로 협상안건의 틀을 짜는 것이 성공적 협상을 위해 중요하다는 사실을 깨달을 수 있었다. 즉, 청정알코올은 상대 협상단측의 마음에 들 잠재적 이익을 확인시켜주고 강조함으로써 협상 파트너의 목표점과 유보점(마지노선점)을 상당부분 바꿀 수 있었다.

협상 시뮬레이션 Q&A

1. 여러분께서는 서로 다른 국가와의 문화 간 협상을 경험해보신 적이 있나요? 문화 간 협상에서 일어날 수 있는 문제로는 어떤 것이 있으며, 어떤 식으로 그 문제들이 성공적 협상에 영향을 끼칠 수 있나요? 문화 간 협상에서 그러한 어려움을 해결하기 위해 여러분께서는 협상자에게 어떤 조언을 해주시겠습니까?

2. 본 협상 시뮬레이션에서 협상자는 한쪽의 이득이 반드시 상대편에 손실을 가져온다고 생각하는 제로섬 사고방식을 어떻게 극복했는가요? 여러분의 협상경험에 비추어, 여러분께서는 양측 모두의 이익을 충족하는 통합적인 결과를 달성하기 위해 어떠한 전략과 전술을 제안하시겠습니까?

3. 여러분께서 경험한 가장 힘든 협상을 떠올려보세요. 무엇이 협상을 어렵고, 힘들게 만들었나요? 그리고 협상을 통해 무엇을 배우셨나요? 만약 여러분께서 다시 그러한 상황에 처한다면 성공을 보장하기 위해 어떤 조치를 취하시겠습니까?

첨부자료

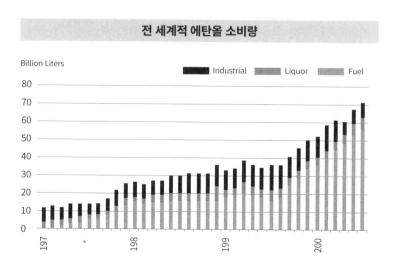

전 세계적 에탄올 소비량

Billion Liters

■ Industrial ▨ Liquor ▨ Fuel

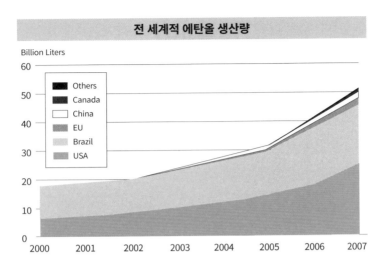

출처: F. O. Lich Report-2006 / www.informa.com

그림 1. 바이오 에탄올(Bio-Ethanol = Fuel Ethanol) 비즈니스의 경제적 성장 가능성

타피오카

타피오카 열매

그림 2. 타피오카와 열매

협상 시뮬레이션 분석노트

협상 시뮬레이션 개념

청정알코올과 제3세계 국가 군부 사이의 문화 간 협상

세계화와 과도한 경쟁을 특징으로 하는 현 비즈니스 환경에서 글로벌 비즈니스 협상은 경영학자들과 비즈니스 종사자들에게 상당한 관심을 끌어왔습니다. 그러나 글로벌 비즈니스 협상에 초점을 맞춘 비즈니스 사례들이 경영 관련 문헌에서 널리 쓰이는 개념과 비교해 보았을 때 충분히 발전되어 왔는지를 판단하기에는 아직 어려움이 있습니다. 게다가 현 경영 관련 문헌에는 글로벌 비즈니스 환경에서 발생하는 문화 간 협상의 구체적 사례가 부족하다는 것이 분명해 보입니다. 이러한 요구에 부응하기 위해, 이 협상 시뮬레이션은 국내기업과 제3세계 국가의 군부 사이에서 이루어진 실제 협상을 상세히 설명해줍니다. 전문적이고 자세한 협상과정을 살펴봄으로써 여러분께서는 실제 협상(특히 문화 간의 협상)의 경우에서 발생하는 어려움을 경험하고, 어떻게 이러한 난관을 헤쳐나가야 할 것인가에 대한 생각도 갖게 될 것입니다. 포스트 코로나 시대, 세계는 다양한 플랫폼으로 초연결되고 있습니다. 이에 따라 글로벌 비즈니스 협상이 이루어지는 빈도와 협상의 규모가 증가하고 있다는 사실을 고려해볼 때, 본 협상 시뮬레이션의 내용은 통합협상 전략에 관한 귀중한 인사이트를 여러분께 제공해줄 수 있을 것입니다.

협상 시뮬레이션 주제

본 협상 시뮬레이션은 청정알코올(가칭) 기업이 제3세계 국가(앞으로는 TW)의 군부로부터 안정적인 타피오카를 공급받기 위해 행한 실제협상에 기반을 두고 있습니다. 충분한 양의 타피오카를 공급받기 위한 성공적 합의를 도출하기 위해, 청정알코올은 다방면에서 회사 차원의 광범위한 노력을 기울였습니다. 그들의 많은 시도는 성공을 했고, 또 어떤 시도는 실패를 맛보기도 했습니다. 양측 협상자들의 역동적 상호작용을 반추해보면서 여러분은 경영 관련 문헌에 나오는 협상개념과 이론이 실제로는 어떻게 나타나는지, 그리고 각 상황에서 최상의 결과를 얻기 위해 어떤 행동을 취해야 하는지를 확인하게 될 것입니다. 교육 참여자의 토론을 이끌면서, 교육자는 다음 문제 중에서 주제를 선택할 수 있습니다:

1. 다른 문화권과 협상: 문화적 배경의 차이 때문에 발생하는 양 협상자 사이에 나타날 수 있는 오해와 이러한 오해에 대처하는 방식
2. 협상의 이상적 단계
3. 긍정적 협상과 부정적 협상, 협상의 시작점, 목표점, 유보점의 개념
4. 상호 윈-윈의 통합협상(Integrative-Negotiation)의 개념과 이를 달성하는 방법

협상 시뮬레이션 인사이트

　　본 협상 시뮬레이션은 다양한 흥미로운 인사이트를 내재적으로 포함하기 때문에, 교육자는 이 사례에서 자신들만의 참신한 질문이나 의미를 뽑아낼 수 있습니다. 아래에서는 위에서 제시한 네 가지 인사이트에 관해 자세히 다루고 있습니다.

1. 문화가 협상에서 어떤 영향을 미칠 수 있는가?

　　본 협상 시뮬레이션을 통해 우리는 다른 문화의 두 협상자 사이의 협상은 협상문화나 협상방식과 관련된 오해에서 발생하는 어려움들에 직면할 수 있다는 사실을 알게 되었습니다. 청정 알코올의 의도가 양측 협상자 사이의 의견의 차이를 줄이고 관련 정보를 제공하려는 의도였다고는 하지만, TW의 군부는 그것을 모욕으로 간주했고 군부의 협상단장은 화가 나서 협상 테이블을 떠나버렸습니다.

다른 문화 속에서 서로 다른 협상의 방식은 오랫동안 연구의 대상이었습니다. 예를 들어 일본의 협상자들은 점진적이고 수동적이며 양보하는 태도를 고수하는 반면 미국 협상자들은 빠른 협상의 진행과 경쟁적인 태도, 단호한 의사전달을 선호한다는 것이 널리 알려진 사실입니다. 많은 학자의 연구에 따르면, Lewicki, Barry, Saunders, and Minton(2002) 같은 학자들은 적어도 8가지 방법으로 문화가 협상에 영향을 미칠 수 있다고 언급합니다.

협상의 정의

다른 문화에서 온 협상자들은 협상의 기본적 정의에 대해 독특한 정의를 내릴지도 모른다. 위에서 제시한 것처럼, 미국 협상자들은 협상을 경쟁적 과정으로 여기고 협상하는 동안 각각의 협상자는 최선의 결과를 얻고, 적은 것을 내어주기 위해 최선을 다해야 한다고 여기고 있다. 그러나 이와는 대조적으로 일본을 포함하는 아시아 협상자들은 협력적 협상과정과 서로에게 득이 되는 협상을 믿는다.

협상자들의 선택

협상자들을 선택하는 데서 사용되는 요소와 각 요소의 중요도는 문화에 따라 완전히 다를 수 있다. 이러한 요소는 아는 지식의 정도, 성별, 손위 관계, 지위 등을 포함하고 있다. 이러한 차이가 '협상이 무엇이냐'라는 것에 대한 기본적 이해에서 차이를 반영한다.

의례

의례라는 것은 각 협상자가 서로에게 해줬으면 하는 형식적인 것들을 의미한다. 미국문화에서 의례는 낮은 형식성을 특징으로 한다. 서로를 이름으로 부르는 것이 예의로 받아들여지는 문화다. 만약 이러한 관습이 영국 협상자들에게 적용된다면, 그 결과는 참혹할 것이다. 영국문화에서 협상은 매우 형식을 중시하는 과정으로 여겨져, 적절한 직함(즉. 씨, 양, 님)을 써야만 한다. 적절한 의례의 정도에 대한 완전한 이해가 필수적이다.

의사전달

사람들이 의사를 주고받는 방식은 그것이 언어를 통한 것이든 비언어적인 것을 통한 것이든 자신들의 문화에 상당히 영향을 받는다. 협상에서 기대되는 행동과 태도는 문화에 따라 상당히 다르다. 협상자들은 상대를 위한 적절한 의사전달 행동을 숙지하고 있어야 한다. 예를 들어 한국문화에서는 대화하는 동안 상대의 눈을 계속해서 쳐다보면 공격적이고 무례한 것으로 간

주한다. 반면에 미국에서는 만약 상대가 자신의 눈을 쳐다보지 않는다면 모욕감을 느낄 것이다. 왜냐하면 이러한 행동은 상대가 대화주제에 관해 관심을 갖고 있지 않다고 생각할 수 있기 때문이다. TW 군부와 청정알코올 사이에 있었던 문제는 이러한 측면에서 문화의 차이에 관한 이해의 부족에서 비롯되었다. 만약 청정알코올이 협상단 단장의 의견에 공개적으로 반대하는 것이 무례하게 여겨진다는 사실을 알았다면, 그 문제는 발생하지 않았을 것이다.

협상 진행속도

몇몇 협상자는 협상과정을 서두르려고 노력한다. 반면에 다른 협상자들은 빨리 진행되는 협상을 위험하게 생각하며, 잠재적으로 문제점을 낳으리라고 여긴다. 그러므로 각각 다른 협상 진행 속도의 선호도에 대한 이해가 협상에서 미덕이 될 수 있다. 본건의 경우에는 한국의 속도와 신속함을 중요시하는 문화와 TW에서의 새 바이오 에탄올 공장을 가동해야 한다는 회사의 긴급함이 맞물려 청정알코올이 빠르게 협상을 추진했던 것으로 보인다.

위험선호 성향

각각의 협상자들의 협상진행 속도 선호도와 비슷하게 위험

선호성향은 다른 문화적 배경을 지닌 협상자 사이에 발생할 수 있는 또 다른 불화의 원인일 수 있다. 예를 들어 미국 협상자들은 빠른 협상을 선호하고, 훨씬 더 많은 모험을 걸려는 경향이 있다. 반면에 아시아 문화권에서 온 협상자들은 협상에서 고려되는 대안의 관점에서 보수적 입장을 취하면서 점진적이고 안정적인 협상과정을 추구한다.

단체와 개인

단체를 지향하는 문화에서 온 협상가들과 개인을 지향하는 문화에서 온 협상자들은 그들의 의사결정 과정에서 차이가 있을 수 있다. 단체지향적인 문화는 주어진 상황에 대한 철저한 이해를 바탕으로 모든 구성원의 완벽한 동의를 강조하는 반면에, 개인 지향적인 문화에서 온 협상팀의 경우에는 한 명 혹은 일부에게 의사결정의 책임이 돌아갈 수 있다. 그러므로 개인 지향적인 문화에서 온 협상가들과의 협상보다 단체지향의 문화에서 온 협상가들과의 협상이 더 어려울 것이다. 왜냐하면 협상가들이 자신의 입장을 상대 측의 모든 구성원에게 설명하고 이해를 구해야 하기 때문이다. 본 협상 시뮬레이션에서는 협상의 권한과 TW 군부의 책임이 오로지 군부 협상단의 단장인 사령관에게 있었다. 그러므로 협상의 마지막 단계는 청정알코올과 TW의 군부 협상단의 단장 사이에서 이루어졌다. 군부 협상단장을 설득하기 위한 노력에 초점을 맞춤으로써 청정알코올은 협상을 훨씬 더 쉽고 효율적으로 마무리할 수 있었다.

협상의 타결의 성격

'협상의 타결이 무엇이냐'하는 것에 대한 기본적 이해는 협상에서 오해와 불화의 또 다른 원인일 수 있다. Foster(1992)에 따르면, 미국 협상자들은 양해각서를 협상의 완성으로 보고 그 순간부터 법에 의해 보호를 받는 것으로 여긴다. 반대로 중국 협상자들은 양해각서를 협상의 시작을 알리는 것으로 인식하고 받아들인다. 그러므로 '협상의 타결'의 기본적 의미조차 다를 수 있다는 것이다. 따라서 이러한 차이가 심각한 문제를 초래할 수도 있다.

2. 협상의 이상적 절차는 무엇인가?

규범적 모델로서, Greenhalgh(2001)는 협상에서 따라야 하는 이상적 절차에 대해 논의를 했습니다. 이 과정은 아래의 표처럼 7가지의 단계로 구성되어 있으며, 청정알코올이 이러한 단계를 거쳤는지, 그리고 거쳤다면 어떤 프로세스를 통해 효과를 보았는지가 논의의 대상입니다.

단계	이행해야 할 일
1	협상을 위한 준비
2	상대방과의 관계 정립
3	정보수집
4	수집정보를 이용한 협상안 설정
5	협상결과에 대한 입찰
6	협상의 마무리
7	양해각서의 이행

1번째 단계는 준비단계입니다. 이 단계에서 각 협상자는 자신들이 필요한 것들과 그들이 수행해야 하는 역할뿐만 아니라 협상주제를 분명히 해야 합니다. '왜 자신이 협상을 하는지', '어떻게 협상을 이끌어갈지', '자신에게 중요한 것이 무엇인지', '목표가 무엇인지' 등. 이 단계의 목적은 '자신과 협상에 관해서 명확히 하는 것'입니다. 청정알코올의 경우, 자신들이 정부의 규제 때문에 미래성장의 한계에 직면했다는 것을 깨닫고, 바이오 에탄올 사업에서 잠재력을 발견했을 때부터 이러한 작업들이 진행되었습니다. 그들은 그에 따라 어떤 원료가 바이오 에탄올 생산에 적합한지 결정하기 위한 조사에 돌입했습니다. 그리고 원료로 타피오카를 확인하게 되었습니다. 이러한 과정을 통해서

그들은 왜 자신들이 협상을 진행해야 하고, 그들이 달성하려는 목표가 무엇인지 분명히 했습니다.

2번째 단계는 관계를 정립하는 것입니다. 협상자와 상대 협상자는 이 단계에서 상대에 대해 더 잘 알게 됩니다. 지속적인 상호교류를 통해 양측은 그들 사이의 공통점과 차이점을 인식하게 되며, 그들의 목표가 무엇인지 알게 되고, 이해 당사자 양측 모두에게 만족스러운 성공적 결과물을 얻어내기 위하여 최선의 노력을 기울이게 됩니다. 청정알코올은 TW의 군부를 협상 가능한 파트너로 확인하고, 그들에게 협상의 가능성을 제안하는 서한을 보냄으로써 이 단계를 완수했습니다.

다음 단계는 정보수집 단계입니다. 협상자들은 정보를 수집하면서 협상 참가자들의 요구사항과 조건을 알게 됩니다. 이 단계는 각 협상단의 요구사항, 타협의 가능성, 그리고 만약 각 협상단이 합의하지 못했을 시 파생되는 결과물 등을 다루고 있습니다. 4월 5일의 만남과 그 결과로 이어진 합동 시장조사를 통해, 청정알코올은 TW 군부의 입장과 요구사항을 확인했고, 성공적인 협상의 가능성을 유심히 살펴보게 되었습니다.

4번째 단계에서는 이전 단계에서 수집한 정보가 사용됩니다. 수집된 정보를 이용해서 협상자는 상대 측에 제시할 제안서를 정리해 작성합니다. 그러므로 협상자는 자신의 이익을 극대화하기 위한 제안서를 만드는 데 집중합니다. 제안서를 만드는 구체적 노력이 이 사례에는 제시되어 있지 않지만, 이 단계는 청정알코올이 제안서를 TW 군부에 전달하기 전에 이루어졌을 것으로 추정됩니다.

실제 입찰은 5번째 단계에서 이루어집니다. 양측 협상단이 자신들의 제안서를 제시한 다음, 점차 양측 모두에게 만족스러운 선택을 향해 나아가게 됩니다. 만약 그들이 동의하면, 협상은 성공적으로 마무리될 수 있을 것입니다. 청정알코올의 경우에는 이 단계를 양측의 타피오카 가격에 대한 협상과정에서 관찰할 수 있습니다.

6번째 단계는 협상을 마무리하는 단계입니다. 협상자와 상대 측은 협상을 마무리하기 위해 더욱더 많은 노력을 기울이게 됩니다. 이 단계에서 중요한 것은 양측 다 만족할 수 있는 방식으로 토의를 이끌어갑니다. 최종안을 제안하고 TW 군부와 계약에 서명함으로써 청정알코올은 이 단계를 마무리했습니다.

마지막 단계에서는 양측이 계약내용을 실행합니다. 그들은 계약서에 명시된 것들을 이행합니다. 계약서에 쓰인 역할들을 이행하면서, 그들은 계약내용에 만족스럽지 못한 부분을 발견하게 됩니다. 이런 경우에는 다시 협상을 재개하거나 아니면 중재자나 재판을 통해 문제를 해결할 수 있습니다. 그러나 이 사례의 경우에는 청정알코올과 TW 군부 측이 실제 타피오카 거래를 이행함으로써 이 단계가 이루어졌습니다.

Greenhalgh(2001)가 제시한 위의 과정에 대해 토의하면서 중점을 두어야 하는 것은 이 모델을 규범적 의미에서 이해해야 한다는 점입니다. 실제 협상들은 위에 언급된 절차대로 간단하게 이루어지지 않기 때문입니다. 실제 협상에서는 몇몇 단계가 나타나지 않거나 간단히 넘어가는 경우도 있습니다. 위에 언급된 과정의 순서는 종종 바뀌기도 하고, 일부 단계는 동시에 발생하기도 합니다. 그러나 이상적인 모델과 현실 사이의 차이가 모델의 가치를 손상하지는 않습니다. 다시 말해 사람들이 이러한 협상의 합리적 과정을 간과할지도 모르지만, 이것으로부터 이득을 취할 수도 있습니다. 그 이득은 다음의 논리적인 협상모델을 따르는 협상자의 경우에는 훨씬 더 값어치가 있을 것입니다.

위에 제시된 이상적인 협상과정에 기초해서 청정알코올과 TW 군부가 각 단계를 실제로 이행했는지 여부를 알아보기 위해 양측이 수행한 협상을 평가해보는 것은 의미 있는 일입니다. 위에서 확인한 것처럼, 청정알코올이 따른 절차들이 Greenhalgh(2001)가 논의한 단계와 매우 유사하다는 점을 확인할 수 있습니다. 이러한 사실을 염두에 두면서, 청정알코올의 입장에서 성공적 결과를 가져오는 데 가장 결정적이었던 단계에 대해서 토의해보는 것도 의미 있겠습니다.

3. 협상에서 시작점, 목표점, 유보점이 무엇이며 긍정적, 부정적 협상이 무엇인가?

시작점은 상대 측에 자신이 처음으로 내놓는 제안을 말합니다. 이것은 각 협상단의 전략과 목표에 영향을 미칠 수도 있는 고정점으로써 역할을 할 수 있습니다. 그러므로 어느 정도 높은 시작점은 협상자에게 유리하게 작용할 수 있습니다.(Northcraft & Neale, 1987; Tversky & Kahneman, 1973) 그러나 터무니없이 높은 시작점은 상대가 부정적으로 반응하거나 협상 테이블에서 움츠려들게 할 수 있습니다. 그래서 시작점은 협상전략의 하나로 주의 깊게 고려되어 제시되어야 합니다.

목표점은 최선의 결과로 정해놓은 목표치입니다. 목표설정이론에 따르면 구체적이고 적당히 높은 목표가 협상자들에게 동기를 부여할 수 있고, 그들에게 더 나은 결과물을 가져다줄 수 있습니다.

유보점은 주어진 협상에서 협상자가 받아들이려는 가장 나쁜 결과물을 의미합니다. 그러므로 만약 협상이 협상자의 유보점(유보가치=마지노선점) 아래에 이르게 되면, 그 협상자는 협상을 철회하거나 자신의 요구사항을 만족할 다른 대안을 찾아야 합니다. 그래서 유보점은 협상에서 얻을 수 있는 최선의 대안(BATNA)에 기초해서 설정됩니다.

긍정적이거나 부정적인 협상영역은 또한 유보점의 개념에서 파생되었습니다. 긍정적 협상영역은 구매자의 유보점이 판매자의 유보점보다 같거나 높을 때 형성됩니다. 이러한 상황은 구매자가 판매자가 최악의 상황에서 기대하는 가격을 기꺼이 혹은 그보다 더 많이 지급하고자 할 때 발생합니다. 따라서 성공적 협상의 가능성을 암시합니다. 긍정적인 협상영역이 존재할 때 각 협상자는 양측 다 만족할 만한 지점에 도달하도록 (다양한 방법을 통해) 노력해야 합니다.

부정적 협상영역은 반대로 구매자의 유보점이 판매자의 유보점보다 낮을 때 생깁니다. 이것은 구매자가 판매자가 수용하려는 가장 낮은 가격보다 더 낮은 가격을 요구할 때 발생합니다. 본 협상 시뮬레이션의 경우, 최초 양측에 다 만족스러운 협상이 이루어질 가능성은 낮았습니다. 즉, 협상자가 자신의 유보점을 조정하거나 상대 측이 유보점을 조정하지 않는다면 협상은 결렬될 상황이었던 것입니다.

본 협상 시뮬레이션에 제시된 정보를 토대로 청정알코올과 TW 군부의 시작점, 목표점, 그리고 유보점을 다음처럼 타피오카의 가격의 관점에서 확인해볼 수 있습니다.

	시작점	목표점	유보점
청정알코올	US$ 75/톤	US$ 75~90/톤	US$ 97/톤
TW 군부	US$ 140/톤	US$ 130~140/톤	US$ 90/톤 혹은 이하

4. 통합적 협상은 무엇이며, 어떻게 달성할 수 있는가?

통합적 협상은 협상자들의 목표가 기본적으로 상충하는 분배적 협상과 반대되는 개념입니다. 통합적 협상(상호 원-원의 통합협상)에서 협상자들의 목표치는 서로 배타적인 것이 아니라, 둘을 동시에 추구할 수 있습니다. 많은 협상학자들은 대부분의 협상에는 통합적인 요소들이 존재하고, 이러한 요소들을 다양한 방법으로 찾아낼 수 있으며 발전시킬 수 있다고 주장합니다.

그러므로 통합적인 협상의 개념과 그것을 달성하는 방법에 대한 깊이 있는 논의는 '협상은 무엇이며, 어떻게 달성할 것인가'라는 점에 대한 기본적 관점을 바꾸어줄 수 있습니다. Lewicki와 그의 동료들(2002)이 분배적 협상과는 다른 통합적 협상을 가능하게 하는 중요한 측면을 논의했습니다. 통합협상에서 협상단은 다음의 사항을 준수해야 합니다.

1. 차이점보다는 공통점에 중점을 두어라.
2. 자신의 입장을 항변하려 말고 요구사항과 이득에 대해 이야기하라.
3. 관련 협상단의 요구를 수용하는 데 최선을 다하라.
4. 정보와 의견을 교환하라.
5. 상호이익을 위해 선택 가능한 사항을 만들라.
6. 이행 수준에 대한 객관적 기준을 적용하라.

통합적 협상을 특징짓는 기준 중에서 두 번째 항목이 특히 중요합니다. 두 번째 항목을 통해서 Lewicki와 그의 동료들(2002)은 협상단 양측의 숨겨진 이유로 정의되는 이해관계를 서로의 입장 그 자체로 여겨서는 안 된다는 점을 강조합니다. 협상단 양측이 자신의 입장을 서로에게 전달할 때, 그들은 상대

측이 처한 입장에 대한 근거를 이해할 수 있고, 자신들의 요구 사항을 동시에 만족시킬 방법을 찾기 위해 함께 노력할 수도 있습니다. 자신의 요구를 충분히 만족시키기 위한 방법은 고정된 형태의 하나의 대안만으로 존재하는 것은 아닙니다. 양측의 문제를 해결하는 데는 실제로 많은 방법이 있습니다. 상호 간의 협력을 통해서 그들은 훨씬 더 많은 의견을 제시할 수 있고, 더 나은 대안을 제시할 수도 있습니다. 그리고 양측 모두의 요구를 충족시키는 합의안에 도달할 수 있습니다. 그러므로 통합적 협상을 달성하기 위한 중요한 조건은 서로의 이해관계에 집중하는 것이지, 서로의 처한 상황에 주목하는 것이 아닙니다.

이 건에서 최소한 4개의 중요한 협상 이슈를 확인할 수 있습니다. (즉 시간의 압박, 타피오카의 가격, 거래량, 그리고 성공적인 협상의 마무리) 그 문제들과 각각의 문제에 대한 양측의 입장과 이해관계는 아래처럼 요약됩니다.

이슈	청정알코올의 입장	TW 군부의 입장	일치 여부
시간의 압박	높음	낮음	불일치
타피오카 가격	낮을수록 좋음	높을수록 좋음	불일치
거래량	가능한 많이	가능한 많이	일치
성공적인 마무리	매우 중요함	매우 중요함	일치

위의 표에서 드러나듯, 두 협상단이 두 가지의 문제에서 상충되는 이해관계(즉 시간상의 압박과 타피오카의 가격)와 일치하는 이해관계(즉 거래량과 성공적인 협상의 마무리)가 있었습니다. 여기서 주목해야 할 사실은 양측이 공통된 이해관계를 갖는 두 항목을 충분히 활용했고, 협상을 최종합의로 이끌었다는 점입니다. 이 협상 시뮬레이션은 서로의 입장 뒤에 숨겨진 이해관계를 찾아내고, 양측의 이해관계를 충족해주는 대안을 만들어냄으로써 통합적 협상이 달성할 수 있었음을 보여줍니다. 이러한 협력적 노력은 협상자들이 협상의 성공을 간절히 원할 때 이루어집니다.

협상 전략교육 가이드라인

    본 협상 시뮬레이션을 이용해서 교육자들은 협상 관련 문헌에서 발전되어 나온 다양한 기본적 협상개념과 실제 협상에서 사용되는 효과적인 협상전략들에 대해 교육 참여자들의 토론을 이끌어낼 수 있습니다. 게다가 청정알코올과 TW 군부 사이에서 발생했던 오해와 반목을 되짚어봄으로써 교육 참여자들은 문화 차이의 중요성을 배울 수 있습니다. 이것은 협상자 사이의 문화적 차이를 극복하기 위한 방법을 찾아보게 해줍니다. 마지막으로 상호 윈-윈의 통합협상의 개념을 소개함으로써 교육 참여자들은 그러한 과정을 달성하고 상호 간의 협상 결과물을 최대화하기 위해 행해야 하는 협상의 전략과 태도가 무엇인지에 관해서 뿐만 아니라 오히려 늘어난 이익에 관해서도 토의할 수 있습니다. 특히, 교육 참여자들은 이 과정에서 통합협상은 코페티션 커뮤니케이션의 가치와 동일하다는 것을 자연스레 느끼게 될 것입니다. 다음의 도식은 본 책에서 말하고자 하는 핵심메시지인 통합협상에 이르는 로드맵을 명확히 제시하고 있습니다.

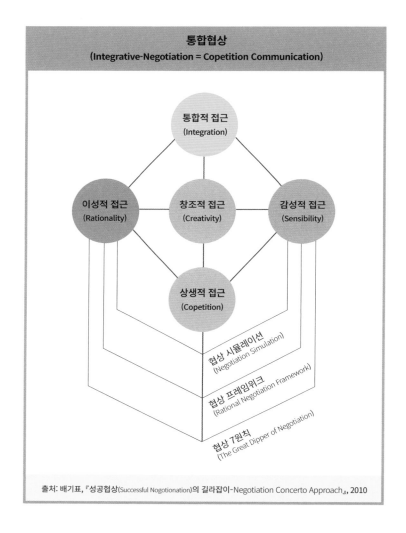

출처: 배기표, 『성공협상(Successful Nogotionation)의 길라잡이-Negotiation Concerto Approach』, 2010

통합협상 = 코페티션 커뮤니케이션	코페티션 커뮤니케이션을 위한 관계가치 관리방법
· 상호 이해관계를 통합한 합의를 도출함으로써 이익 극대화 · 장기적 관계를 고려하여 협상에 대처함 · 협상 파트너를 승패를 가리는 대상이 아닌 함께하는 동반자로 간주하는 것 · 협력과 동시에 협상 파트너보다 더 많은 가치 확보를 위한 경쟁 · 새로운 가치 창출과 자기 몫 확보 역량 모두 필요	· 신뢰 형성(약속의 철저한 이행) · 이해관계와 역량 및 관심사에 관한 끊임없는 커뮤니케이션 · 솔직한 실수 인정 / 때로는 협상 파트너의 조언을 구하는 것도 필요 · 피드백 요청 [협상의 완성도 제고 – ex) 우리가 작성한 중간 보고서는 중요한 포인트를 모두 다루고 있는가?]

참조

Foster, D. A.(1992). *Bargaining across borders: How to negotiate business successfully anywhere in the world*. New York: McGraw-Hill.

Greenhalgh, L.(2001). *Managing strategic relationship*. New York: Free Press.

Northcraft, G. B., & Neale, M. A.(1987). "Experts, amateurs, and real estate: An anchoring and adjustment perspective on property pricing decisions." *Organizational Behavior and Human Decision Processes, 72*, 384-407.

Tversky, A., & Kahneman, D.(1981). "The framing of decisions and the psychology of choice." *Science*, 211, 453-458.

Lewicki, R. J., Barry, B., Saunders, D. M., & Minton, J. W.(2002). *Negotiation* (4th ed.). Burr Ridge: McGraw-Hill.

통합협상

통합협상 정의

책의 시작에서 밝혔듯이 협상(Negotiation)이란 '합의의사를 가진 당사자 사이에 양방향 의사소통을 통해 상호 만족할 만한 수준으로 합의에 이르는 과정'을 말합니다. 특히 이 가운데에서 협상 당사자(Negotiation Parties) 모두 이익을 얻을 수 있는 윈-윈 (WIN-WIN)협상을 통합협상(Integrative-Negotiation)이라 일컫습 니다. 저는 이런 의미에서 통합협상의 가치는 코페티션의 정의 에 정확히 부합한다고 생각합니다. 이에 협상의 정의를 다음과 같이 새롭게 제시합니다.

통합협상 = 코페티션 커뮤니케이션

*코페티션(Copetition): '경쟁 속 협력' 또는 '협력을 통한 경쟁'으로 볼 수 있는 움직임을 표현하는 경영학 용어임. 협력을 뜻하는 'Cooperation'과 경쟁을 뜻하는 'Competition'의 합성어로 예일대학교의 배리 J. 넬버프 교수와 하버드대학교의 애덤 M. 브랜든버거 교수가 비즈니스 전략을 보다 정확하게 표현하기 위해 1996년도에 제시한 개념이다. 코페티션의 목적은 기업 간의 극단적 경쟁이나 협력에서 초래되는 불확실성과 위험을 회피한다는 측면과 합작투자 등 기업자원의 혼합을 통해 경쟁 가능성의 감소 및 자사에 유리한 방향으로 시장의 변화를 이끈다는 데에 있다.

협상 콘체르토

그렇다면 통합협상을 위한 접근방식을 어떻게 가져야 할까요? 저는 협상은 창조와 융합의 협주곡(Concerto, 콘체르토)라고 생각합니다. 그렇기 때문에 협상과정에서는 이성적 접근, 감성적 접근, 상생적 접근, 창조적 접근이 모두 어울러져야 한다고 생각합니다.

성공적 통합협상(Successful Integrative-Negotiation)

Rationalily + Sensibility + Copetition + Creativity
이성적 접근　　　감성적 접근　　　상생적 접근　　　창조적 접근

협상 콘체르토(Negotiation Concerto)

통합협상(Integrative-Negotiation)을 위한 협상 콘체르토 접근법(Negotiation Concerto Approach)

협상 콘체르토:

배기표 대표이사가 창안한 협상개념(2010)으로, 상생(相生)의 통합협상 (Integrative-Negotiation)을 위해서는 이성적 접근(Rationality) · 감성적 접근 (Sensibility) · 상생적 접근(Copetition)이 적절히 조화 및 결합되어야 함을 강조한다.

세가지 접근 요소의 결합은 창조적 접근(Creativity)을 탄생시키며, 이는 협상과정에서 발생할 수 있는 다양한 위기와 변수를 극복하게 하는 성공적 협상완성(Completion of Negotiation)의 촉매 역할을 한다.

통합협상 7원칙

협상 콘체르토를 완성하는 통합협상 7원칙은 다음과 같습니다.

저는 통합협상 7원칙 중, 통합협상이 추구하는 핵심가치를 담아낸 '상생적 접근'을 가장 먼저 강조하고 싶습니다. '상생적 접근'은 말 그대로 협상 파트너에 대한 긍정적 인식태도를 말하는 것입니다. 협상 파트너를 협상 테이블에서 싸워야 하는 적이 아니라, 더불어 살아가는 삶을 함께 추구하는 동반자로 생각하라는 것이지요. 그리고 '이성적 접근'이란 합리적 협상 프레임워크를 기반으로 과학적 그리고 체계적으로 협상을 준비해야 한다는 것입니다. '감성적 접근'이란 때로는 이성적 접근법이 아닌 가슴을 울리는 따뜻한 말 한마디나 스킨십에 협상의 분위기가 우호적으로 바뀔 수 있다는 의미이구요. 모든 일은 다 따뜻한 심장을 가진 사람이 하기 때문입니다. '창조적 접근'이란 통합협

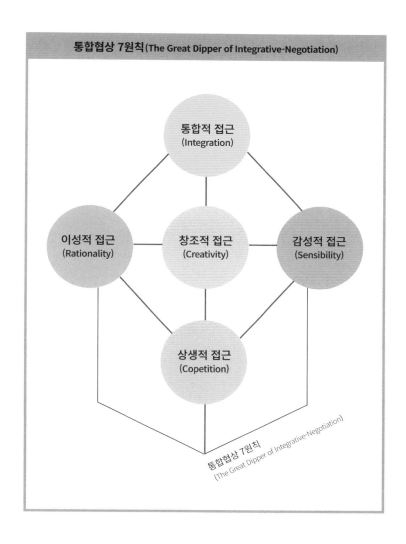

통합협상 7원칙(The Great Dipper of Integrative-Negotiation)

통합적 접근
(Integration)

이성적 접근
(Rationality)

창조적 접근
(Creativity)

감성적 접근
(Sensibility)

상생적 접근
(Copetition)

통합협상 7원칙
(The Great Dipper of Integrative-Negotiation)

상을 추구하여, 신뢰관계가 구축된 협상 당사자는 협상과정에
서 마주칠 수 있는 위기 극복을 위하여, 창조적 해결책을 만들

어낼 수 있다는 것입니다. 마지막으로 '통합적 접근'은 다양한 접근법을 유기적으로 종합한 협상 콘체르토를 기반으로 통합협상을 완성하라는 메시지입니다.

통합협상 7원칙을 통해, 협상의 모든 원칙을 범주화하고 단순화할 수 있습니다.

통합협상 7원칙 = 협상 콘체르토 접근법

상생적 접근(Copetition)
1. 윈-윈(WIN-WIN)의 코페티션 커뮤니케이션(Copetition Communication)을 추구하라.
2. 벨류네트워크(Value Networks)의 소중한 구성원인 협상 파트너를 존중하라.

이성적 접근(Rationality)
3. 합리적 협상 프레임워크(Rational Negotiation Framework)를 구축하라.
4. 성공협상의 길라잡이인 협상 프레임워크 노트를 작성하라.

감성적 접근(Sensibility)
5. 협상 파트너를 사랑하라.

창조적 접근(Creativity)
6. 창조적 접근을 통하여, 지속가능경영(Sustainability)을 선도하라.

통합적 접근(Integration)
7. 협상 콘체르토를 완성해 협상 파트너와 성공적인 하모니를 이루어라.

특히, 본 협상 시뮬레이션의 반복을 통해(Reading & Analysis & Feed-Back), 여러분께서는 통합협상 7원칙을 이해하시고, 습득하실 수 있습니다. 이를 통하여, 복잡하고 어려운 협상에서도 여유와 침착함을 유지하실 수 있구요. 또한 협상 파트너를 존중하시게 됩니다. 이러한 협상 마인드를 통하여, 여러분께서는 성공협상으로 향해 나가실 수 있습니다.

저는 무조건 협상을 타결하는 게 바람직하다고 생각하지 않습니다. 비윤리적이고 비합리적인 방법으로 타결했다면, 그 협상은 성공적 협상이 아닌 것이지요. 협상의 타결은 곧 새로운 비즈니스의 시작을 의미합니다. 한쪽에서 협상과정과 결과를 만족하지 못했다면, 협상에서 한 약속이 제대로 이행되기가 쉽지 않을 것이구요. 내가 속은 것 같고, 내가 손해본 것 같다면, 정성스럽게 약속을 실행하기는 쉽지 않기 때문입니다.

협상은 새로운 친구를 만드는 것과 같습니다. 모두의 이익을 향해 노력하면서, 조금씩 신뢰관계를 구축할 수 있으며, 이를 통하여, 다음의 비즈니스를 함께 모색할 수 있습니다. 이러한 신뢰관계 속에서 비로소 장기적 협력과 동반자적 지속가능성장이 이뤄질 것입니다. 진정한 '협상 전문가'는 단편적으로 '분배협상'으로 보이는 협상을 '통합협상'으로 만들 수 있다는 사실을 기억하시길 바랍니다. 물론 대부분 비즈니스 협상은 전적으로 분배적이거나 통합적이지 않습니다. 경쟁과 협력의 요소가 섞여 있기에 어려운 전략적 선택이 필요한 것입니다. 경쟁전략과 협력전략의 조화를 추구함으로써 궁극적으로 통합협상의 가치를 실현할 수 있습니다.

통합협상이 가진 이러한 보편적 가치는 성공협상의 핵심원리입니다. 또한, 이 원리를 협상 프레임워크(Rational Negotiation Framework)의 핵심 구성요소와 목표로 설정할 때, 성공협상으로 이끄는 안전하고 체계적인 협상 로드맵을 수립할 수 있습니다.

협상유형

협상의 타입

협상의 타입

통합협상

협상 당사자 모두의 이익 발생이
가능한 협상

분배협상

한 가지 이슈 / 한쪽의 이익과
다른 한쪽의 손해

대부분 협상은 통합협상이지만 사람들은 이를 분배협상으로 다룸.
분배협상은 모두의 손해를 가져올 확률이 높음.

모든 협상에서는 다음의 사항을 미리 확인해야 함.
- 다른 이해관계(Interest)
- 각자의 이해관계 파악을 기반으로 협상이슈를 재정의

통합협상	분배협상

• 경쟁 파이 확대 가능성
• 전략: 정보의 공유 / 공동 문제 해결
  상호 동반자적 관계(코페티션 가치)
• WIN – WIN 협상
• 객관적 기준 기반 주장
• 쌍방적 양보
• 쌍방의 이해관계(Interest)에 집중
• 상생의 협상 패러다임 구축(윤리성 강화)
	• 경쟁 파이 고정
	• 전략: 정보 독점 / 조정 / 강요
	  대립적 관계
	• WIN – LOSE 협상
	• 주관적 기준 기반 주장
	• 일방적 양보
	• 각자의 입장(Position) 집착
	• 단편적 협상기술 사용

협상결과에 따른 협상유형

통합협상(WIN-WIN : 상호 모두의 만족감 / 성숙하고 긍정적인 미래관계 구축)

벨류네트워크 구성원 (예: 하도급업체)과 협력적 관계 구축	→	높은 컬러티의 제품과 서비스를 공급받음	→	굳건한 파트너십 구축으로 비즈니스 위기 극복

지속가능성장 (Sustainability)

분배협상(WIN-LOSE → 최악의 협상결과)

미타결 협상(장기적 관점에서 분배협상보다는 차라리 미타결 협상이 나음.)
이유: 장기적 협력관계 무너짐 / 잠재적 비용 발생 가능성(간접적 보복 · 불성실 이행)

통합협상 실행방안

성공협상은 단편적으로 '분배협상'으로 보이는 협상을 '통합협상'으로 이끌어내는 것이라고 생각됩니다. 아래 표는 '통합협상'을 만드는 '창조적 사고 확대'의 중요성을 보여줍니다.

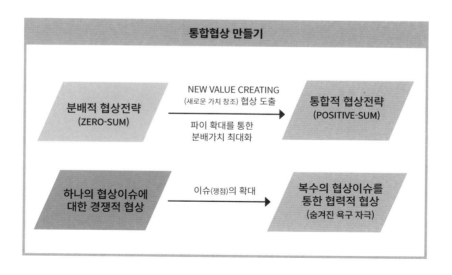

분배협상
협상 초기 가격에 대한 상당한 의견 차이 경험 청정알코올($75/톤) VS. 군부($130/톤) 경쟁적인 분배협상 추구 → 협상자들은 자신의 입장 고수 & 협상 답보

통합협상
청정알코올: 가격협상이라는 경쟁의 협상틀에서 양측의 이윤 극대화 추구라는 상생의 협상틀로 재조정 TW 내 군부의 정치적 입지와 상황 이용 본 협상타결 → TW 경제발전을 위한 군부의 노력에 대한 국민들의 인정 → 군부의 정치적 입지 강화 → 다가오는 선거에 긍정적 영향 (군부의 잠재적 이해관계(욕망) 자극 / 협상의 비경제적 가치 확인) 협상성공에서 얻을 수 있는 양측 모두의 이익 확인 →상충되는 문제(타피오카 가격) 의견차 줄임($90/톤) → 성공적결과 정치적 의미의 암시 → 군부의 협상 태도에 영향 (협상성공이 현 정부의 선거승리에 기여할 수 있다는 메시지 각인) → 긍정적 협상환경 프레임 구축 협상 파트너 측의 마음에 들 잠재적 이익 확인 강조 →협상기간 동안 상대 측의 목표점과 마지노선을 상당부분 수정시킴

본 협상 시뮬레이션이야말로 창조적으로 분배협상을 통합협상으로 전환한 대표적 협상사례라고 할 수 있습니다. 진정한

통합협상을 위한 준수사항

- 차이점보다는 공통점에 중점을 두어야 한다.

- 자신의 입장만을 항변하지 말고, 상호의 니즈와 이해관계에 대하여 이야기하라.

- 모든 협상 관련자의 니즈를 수용하는 데 최선을 다하라.

- 상호의 이익을 위해 선택 가능한 옵션을 만들라.

- 정보와 의견을 교환하라.

- 이행 수준에 대한 객관적 기준을 적용하라.

Source: Lewicki, R. J., Barry, B., Saunders, D. M., & Minton, J. W. (2002). *Negotiation* (4th ed.) Burr Ridge: McGraw-Hill.

성공협상의 로드맵은 이렇게 위기의 협상환경에서 창조적 사고로 새로운 협상타결의 기회를 찾아, 차근차근 합의점을 찾아가는 여정이라고 생각합니다.

여기서 잠깐 참고로 Lewicki, Roy, Barry, Bruce, Saunders, David, Minton, John, Barry가 *Negotiation*(4th edition, 2002)에서 주장한 통합협상을 위한 준수사항을 소개합니다. 개인적으로 가장 인사이트 있는 '통합협상을 위한 준수사항'을 담은 책이라고 생각합니다.

다양한 협상이론 연구·분석 및 그동안의 협상 실무경험을 바탕으로, 저는 '통합협상의 구체적 실행방안'을 다음과 같이 핵심적으로 정리합니다.

이러한 '통합협상의 실행방안'이 자연스럽게 녹아든 상징적인 협상사례를 하나 소개하겠습니다. 여러분께서는 이 협상사례를 관찰하시면서, '통합협상의 의미와 가치' 그리고 다양한 '협상개념의 기능'에 관한 이해의 필요성을 느끼시게 될 것입니다.

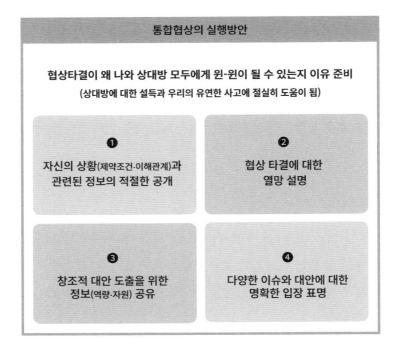

통합협상의 실행방안

협상타결이 왜 나와 상대방 모두에게 윈-윈이 될 수 있는지 이유 준비
(상대방에 대한 설득과 우리의 유연한 사고에 절실히 도움이 됨)

❶ 자신의 상황(제약조건·이해관계)과 관련된 정보의 적절한 공개

❷ 협상 타결에 대한 열망 설명

❸ 창조적 대안 도출을 위한 정보(역량·자원) 공유

❹ 다양한 이슈와 대안에 대한 명확한 입장 표명

통합협상 사례

다음의 통합협상 사례는 'K국가 레지던스 호텔 계약협상'입니다.

통합협상(WIN-WIN)의 예

K국가 레지던스 호텔 계약협상

- 레지던스 호텔에 입주
- 기존 계약 2년 / 재계약 추진
- 1년 1,200만 원(월 100만 원 분납)
- 숙박자: 월 100만 원 유지 VS. 게스트하우스 임대자: 레지던스 호텔 월 150만 원 인상

IF 가격에만 초점
  – ZERO-SUM GAME
	IF 잠재적 이해관계자극 → 협상파이 확장
	  – POSITIVE-SUM GAME

• 숫자로만 협상 시, 중간값으로 결정되는 HIGH-LOW 게임으로 변질 • 어떤 결과가 나오더라도 상호 만족이 어려움	• 협상 당사자 A: 돈(경제적 이익)에 대한 이득 • 협상 당사자 B: 돈외의 부분(명예/편안함/인정 등) 이득

저희 회사에서 K국가에서 해외 비즈니스 컨설팅을 할 때의 상황이었습니다. 당시 레지던스 호텔에서 2년 계약으로 저와 직원들이 한국을 오가며 머물렀습니다. 그런데 자문받는 회사측의 요청으로 현지법인 경영자문 계약이 1년 연장되어서, 숙소의 계약도 새롭게 해야 하는 상황이었구요. 당시의 금액을 상징적으로 표현하여, 월 100만 원의 숙박료를 내고 있었습니다. 하지만 레지던스 호텔 측은 주변 숙박료의 전반적 상승을 이유로 월 150만 원을 요구하는 상황이었어요. 숙박비는 자문을 받는 회사에서 내는 것이었지만, 주변 시세에 비해 비합리적이라고 여겨 제가 가격협상이나 대체 숙소 모색이 필요하다고 판단했습니다. 만약 제가 숙박료라는 가격의 흥정에만 집착했다면, 이 협상은 분배협상이 되었을 것입니다. 그리고 어떤 결과가 나오더라도 상호 만족이 어려웠을 것입니다. 하지만 저는 호텔 측이 원하는 근원적인 이해관계를 자극했습니다. 당시 레지던스 호텔 측은 대분의 투숙객이 3~4개월 단위로 머무르다 보니, 유지관리 비용이 많이 나오는 것에 대한 어려움을 겪는다는 사실을 알고 있었습니다. 그래서 저는 2년간 안정적으로 머물렀고, 앞으로도 1년간 장기체류할 것이므로, 잦은 투숙객 변경으로 인한 유지관리 비용을 줄일 수 있다고 강조했습니다. 또한 평소 장기투숙을 선호하는 외국 비즈니스맨의 특성을 고려하여, 주위 비즈니스 네트워크 사이트에 적극적인 홍보를 하겠다고 약속하였고 짧은 협상기간에 효과적인 홍보를 해주었습니다. 저는 숙박료 동결이라는 우리 측의 일방적인 이익추구가 아닌 주변의 시세 인상폭에 합당한 120만 원을 제안했습니다. 물론 이 120만 원의 금액은 당시 현지 관광청에서 제공하는 숙박료 가이드라는 합리적 협상자료를 근거로 했습니다. 정부기관의 발표자료이므로 주장의 객관성이 당연히 확보되었겠죠? 호텔 측에서 과연 어떤 반응을 보였을까요? 당연히 저에게 오히려 깊은 감사를 표현했답니다. 그리고 그 호텔매니저는 지금까지 좋은 친구로 지내고 있습니다.

* 이 통합협상 사례에서 여러분께서는 이해관계, 합리적 기준과 같은 '협상개념'을 자연스레 확인하실 수 있을 것입니다. 협상 프레임워크 섹션에서 다양한 협상개념에 대해 구체적으로 살펴보겠습니다.

협상 프레임워크

협상 프레임워크 기능

협상 전에 철저한 준비를 하여, 개별협상에 최적화된 합리적 협상 프레임워크(Rational Negotiation Framework)를 구축해야 합니다. 또한 구축된 프레임워크 기반으로 협상 프로세스를 촘촘히 진행해야 할 것이며, 협상결과 및 수행에 대한 분석·평가를 통해 발견된 문제점을 다음 협상준비 과정에서 적극 개선해야 할 것입니다. 이런 선순환적 메커니즘을 통해, '협상 전문가'로서 지속적인 진화가 이뤄질 수 있습니다. 특히 저는 성공협상은 지속가능협력을 만드는 상호 원-윈의 통합협상이라고 정의하기에, 이러한 통합협상의 가치를 협상 프레임워크의 목표로서 중요하게 반영하고 있습니다.

협상 프레임워크 구축을 통한 협상준비 사항

- 자신과 협상 파트너 모두의 입장에서 최상의 결과를 그려보아라.
- 협상을 통한 새로운 가치창출 기회를 모색하라.
- 자신과 상대방의 BATNA와 유보가치를 세팅하라.
- BATNA 개선 및 개발을 진행하라.
- 협상이슈에 적합한 협상준비 자료(정확하고 풍부한 정보)를 준비하라.
- 협상의 표준과 기준을 구축하라.
- 협상 파트너의 특징(협상문화 / 협상태도 / 과거 협상경력 / 권한)을 파악하라.
- 잠재적 협상 장애물을 예상하라.

먼저 '왜 이렇게 협상 프레임워크가 중요하지?'라는 의문이 들 것입니다. 이에 대한 구체적 대답으로 협상 프레임워크의 기능을 설명하겠습니다.

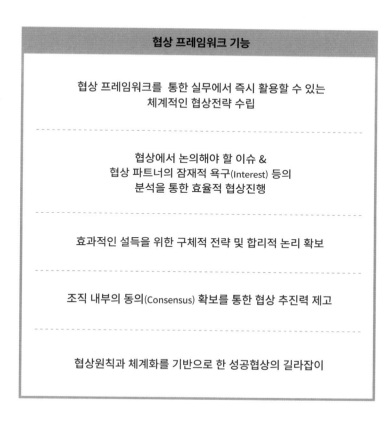

협상 프레임워크 기능

협상 프레임워크를 통한 실무에서 즉시 활용할 수 있는
체계적인 협상전략 수립

협상에서 논의해야 할 이슈 &
협상 파트너의 잠재적 욕구(Interest) 등의
분석을 통한 효율적 협상진행

효과적인 설득을 위한 구체적 전략 및 합리적 논리 확보

조직 내부의 동의(Consensus) 확보를 통한 협상 추진력 제고

협상원칙과 체계화를 기반으로 한 성공협상의 길라잡이

지금부터 제가 만들어 활용하고 있는 협상 프레임워크를 소
개합니다. 보편성과 체계성을 갖추었기에 충분히 여러분의 든
든한 협상코치가 되어줄 것입니다.

협상 프레임워크 (Rational Negotiation Framework)		#	통합협상 전문가	협상 파트너	비 고
이슈	협상이슈(협상의제) - 중요도 기준				
목적	표면적 입장(Position)				
	근원적 이해관계-욕망(Interest)				
	잠재적 이해관계-욕망(Potential Interest)				
제안	BEST Outcome(최선의 대안)				
	만족할 수 있는 합리적 대안				
	유보가치(Reservation Point)				
	최초 ZOPA				
	수정 ZOPA(협상과정 중 정보 반영)				
BATNA	BATNA				
	BATNA 개발 및 개선 옵션				
협상 기준	협상기준				
	협상기준 근거				
통합 협상	통합협상 창출 여부(이유)				
	윈-윈 창조적 대안				
TIME	협상 기한				
질문 사항	핵심 질문 리스트				

책임 & 의무	협상 분담역할(권한) 및 협상 스타일	
협상 원칙	협상 7원칙 체크 리스트	

나와 협상 파트너 모두의 협상환경 이해 및 협상전력 분석을 통하여
통합협상을 위한 창조적 대안 창출

협상개념 중요성

앞의 표에서 직관적으로 확인하실 수 있듯이 협상 프레임워크에는 협상이슈, BATNA, 이해관계(Interest), ZOPA 등 다양한 협상의 개념이 담겨 있습니다. 왜 협상개념이 중요할까요? 그 이유는 다음과 같습니다.

- 지속적인 벤치마크 제시
- 협상패턴의 명확한 구조화 & 일반화
- 협상의 성공 메트릭스인 협상 프레임워크의 구성요소

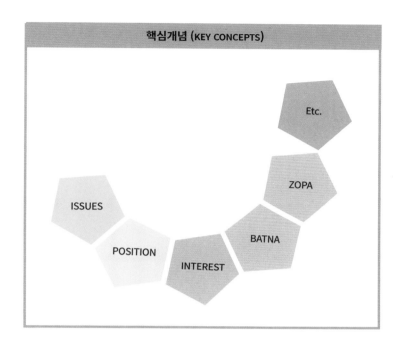

핵심개념 (KEY CONCEPTS)

여러분은 협상개념이 협상 프로세스에 적절히 녹아들어, 협상 당사자 모두 만족할 수 있는 통합협상의 목표점이 명확해야 한다는 점을 반드시 인지해야 합니다. 협상 프로세스 내내 '통합협상'이라는 명확한 목표점을 견지할 때, 비로소 다양한 협상의 개념이 긍정적으로 적용되고 상호 연결되어, 최선의 협상결과를 만들어낼 수 있기 때문입니다.

지금부터 협상개념에 대해 함께 알아보겠습니다. 다르게 표현하자면 협상 프레임워크 작성법을 살펴보겠습니다. 협상의 개념들은 협상 프로세스에서 복합적으로 서로 연결되기에 여기에서도 개별 협상개념의 설명과정에서 다른 협상개념도 자연스럽게 함께 등장할 것입니다.

협상이슈

협상 프레임워크를 구축하기 위한 가장 첫 번째 순서는 협상 이슈(협상안건&의제)를 명확히 설정하는 것입니다. 그렇게 해야 협상을 향한 전략의 목표를 흔들림 없이 지향할 수 있기 때문입니다. 또한 협상이슈를 도출하면서 "왜 이 협상이 우리와 상대방 모두에게 윈-윈이 될 수 있을 것인가?"라는 질문에 대한 해답의 윤곽을 잡아갈 수 있기 때문입니다. 참고로 협상이슈는 복합적인 다중이슈일 수도 있으며, 협상의 목적에 따라 명확한 하나의 단일이슈로 도출된 후, 다시 세부이슈로 나뉠 수도 있습니다. 협상이슈는 협상 프로세스에서 협상전략 변경에 따라 유연하게 정해질 수 있습니다.

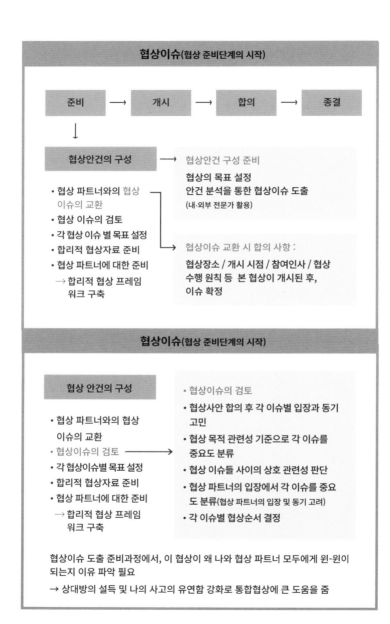

협상이슈(협상 준비단계의 시작)

준비 → 개시 → 합의 → 종결

↓

협상안건의 구성 → 협상안건 구성 준비

• 협상 파트너와의 협상
  이슈의 교환
• 협상 이슈의 검토
• 각 협상 이슈별 목표 설정
• 합리적 협상자료 준비
• 협상 파트너에 대한 준비
  → 합리적 협상 프레임
  워크 구축

협상의 목표 설정
안건 분석을 통한 협상이슈 도출
(내·외부 전문가 활용)

협상이슈 교환 시 합의 사항 :

협상장소 / 개시 시점 / 참여인사 / 협상
수행 원칙 등 본 협상이 개시된 후,
이슈 확정

협상이슈(협상 준비단계의 시작)

협상 안건의 구성

• 협상 파트너와의 협상
  이슈의 교환
• 협상이슈의 검토 →
• 각 협상이슈별 목표 설정
• 합리적 협상자료 준비
• 협상 파트너에 대한 준비
  → 합리적 협상 프레임
  워크 구축

• 협상이슈의 검토
• 협상사안 합의 후 각 이슈별 입장과 동기
  고민
• 협상 목적 관련성 기준으로 각 이슈를
  중요도 분류
• 협상 이슈들 사이의 상호 관련성 판단
• 협상 파트너의 입장에서 각 이슈를 중요
  도 분류(협상 파트너의 입장 및 동기 고려)
• 각 이슈별 협상순서 결정

협상이슈 도출 준비과정에서, 이 협상이 왜 나와 협상 파트너 모두에게 윈-윈이
되는지 이유 파악 필요
→ 상대방의 설득 및 나의 사고의 유연함 강화로 통합협상에 큰 도움을 줌

협상이슈 선정 및 발굴

이슈선정 및 발굴

- 상대방과 합의하고자 하는 이슈(협상의 의제) 목록 작성 및 각각의 목표 설정

  → 습관적으로 중요한 몇 가지 이슈를 찾는 것이 아니라, 합의를 이끌어내고자 하는 가능한 모든 이슈 발굴이 필요함

협상이슈 선정 기준

- 도출된 이슈(의제)를 분류 기준에 따라 우선순위 결정
- 분류기준 원칙: 중요도와 양보할 수 있는 시기 중심

1 중요도 1순위: 절대 양보 불가 이슈
- 양보를 하느니, 차라리 결렬을 해야 하는 정도의 이슈

2 중요도 2순위: 양보 불가 이슈
- 결렬을 피하기 위해서 불가피하게 협상 마지막 순간에 양보할 수 있는 이슈

3 중요도 3순위: 조건부 양보 가능 이슈
- 협상 파트너의 양보를 받는 조건으로 전 과정에서 양보할 수 있는 이슈

4 중요도 4순위: 무조건부 양보 가능 이슈
- 원활한 협상진행을 위하여 전 과정에서 무조건 양보할 수 있는 이슈

다중이슈 협상

다중이슈 협상

협상 파트너의 잠재적 욕구를 자극하여 새로운 가치를 창조하는 것

파레토 개선(Pareto Improvement)

- 대표적 다중이슈 협상전략
- 누구도 손해를 보지 않고, 적어도 한 사람을 더 낫게 만드는 가치창출
- 파레토 효율 합의(Pareto Efficient Agreement)에 도달할 때까지 끊임없이 파레토 개선을 모색하는 것이 통합협상의 목표

로그롤링(Logrolling / 통나무 굴리기)

- 몇 가지 쟁점의 트레이드 오프(Trade off: 어느 것을 얻으려면 반드시 다른 것을 희생해야 하는 거래)
- 자신이 더 소중하다고 생각하는 것을 받는 대가로 상대방에게 그들이 상대적으로 더 가치있게 여기는 것을 주는 행위

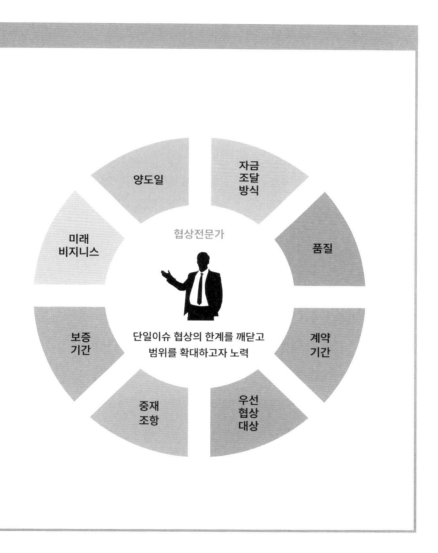

양도일

자금
조달
방식

미래
비지니스

협상전문가

품질

보증
기간

단일이슈 협상의 한계를 깨닫고
범위를 확대하고자 노력

계약
기간

중재
조항

우선
협상
대상

협상이슈 관점에서 본 협상 시뮬레이션을 다시 분석해보면 다음과 같습니다.

협상이슈	청정알코올	TW 군부	일치 여부
시간의 압박	높음	낮음	불일치
타피오카 가격	낮을수록 좋음	높을수록 좋음	불일치
거래량	가능한 많이	가능한 많이	일치
성공적인 마무리	매우 중요함	매우 중요함	일치

양측이 공통된 이해관계를 가지는 두 가지 이슈를 충분히 활용 → 최종합의로 이끔

• 입장 뒤에 숨겨진 이해관계 모색 → 이를 충족해 창의적 대안 창출 →
  통합협상 달성
• 통합협상 노력: 협상자들이 협상의 성공을 간절히 원할 시 이루어질 수 있음

협상기준

협상개념 중 두 번째로 협상기준에 대해 살펴보겠습니다. 저는 객관적 협상기준이야말로 협상논의 시작의 단단한 주춧돌이라고 생각합니다. 합리적 협상자료를 기반으로 상호 모두 용인할 수 있는 객관적 협상기준이 마련될 때만이, 비로소 협상이 실효적으로 진행될 수 있기 때문입니다.

합리적 협상자료는 크게 다음과 같이 분류할 수 있을 것입니다.

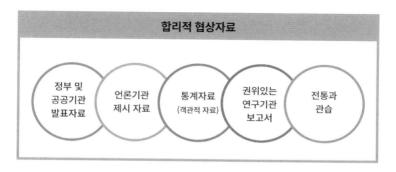

합리적 협상자료

정부 및 공공기관 발표자료 / 언론기관 제시 자료 / 통계자료 (객관적 자료) / 권위있는 연구기관 보고서 / 전통과 관습

합리적 협상자료의 중요성은 다음과 같습니다.

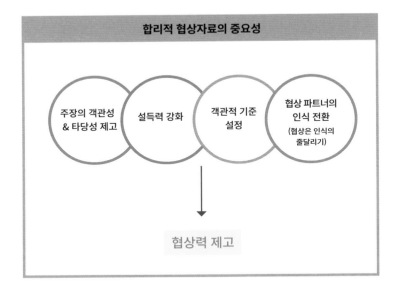

합리적 협상자료를 기반으로 한 객관적 협상기준의 기능은 다음과 같습니다.

객관적 협상기준

협상논의의 출발점

협상 당사자 모두의 논리적 동의가 필요(공정한 기준)
→ 협상은 협상 파트너와 함께 객관적 협상기준을 맞추는 과정임
→ 논리적 협상 진행(감정적 흥정과 구분)

타결 가능성 제고로 인한 협상의 효율성 극대화

미타결 시 불만 감소(미타결 사유 이해 및 설명 근거 확보)

객관적 기준 설정 후, Premium과 Discount 활용하여 협상진행
"협상 파트너의 잠재적 욕구(Interest)를 파악 /
본인 및 협상 파트너의 BATNA 분석 / 다양한 객관적 협상자료 확보"

높은 만족도와 협상결과의 적극적 이행 유도

합리적 협상자료가 본 협상 시뮬레이션에서 얼마나 협상기준으로서 중요하게 작용했는지 다시 한번 살펴보겠습니다.

협상의 근거 확보

- 가격협상 Range: 청정알코올사 $75 ↔ $140 TW군부
- 청정알코올사는 제시가격의 타당성을 확보하기 위해 현 시장가격 및 관련 정보를 제공
  → 합리적 협상자료(가격 가이드라인) 제시 및 협상의 진정성 확보

TW 군부와의 공동실사

- 공동실사 제안(당황·비판에 그치는 것이 아닌, 긍정적·생산적 조치임 / 문제점 의 재조사·차이 조정을 위한 상호협력 추진)
  →TW 군부에서 제시한 자료의 부정확성 확인 →협상의 주도권 강화

저는 합리적 협상자료가 가장 중요하게 활용되어야 할 포인트는 첫 번째 제안(Anchor–협상의 시작)이라고 생각합니다. 합리적 협상자료를 기반으로 신뢰의 첫 번째 제안을 해야 합니다. 이것이 사실상 '성공협상의 디딤돌'이라 할 수 있습니다.

ANCHOR

ANCHOR(첫 번째 제안) 전략원칙
첫 번째 제안은 현실적이어야 함
무리하거나 비현실적 제안의 지양 협상의 진실성 확보
다양한 옵션 제안 – 협상타결의 의지 표명 / 창조적 옵션 개발 자극제

ANCHOR 기준선

기준선의 의미

협상 파트와의 주의와 기대치를
집중시키는 특정한 숫자
기준선을 정함으로써 최종결과에
강력한 영향을 미침

기준선의 힘

GRAG NORTHCRFAT(그렉
놀스그래프트) & MARGARTE
NEALE(마거릿닐) 교수의 실험:
매도자의 임의 희망가격(첫 제안)
과 부동산 중개인들의 평가가격
사이의 높은 연관관계

첫 제안 제시 여부 판단기준

확보한 정보의 양에 따라 달라짐

Option 1 : 협상 파트너의 유보가치에 대한 충분한 정보(정당성 확보)를 가지고
있을 경우, 합리적이고 충분히 공격적인 첫 제안을 던지는 것이 유리

* ZOPA에서 너무 동떨어진 제안은 신뢰도 감소로 이어짐
  첫 제안과 이의 정당화 시, 관계의 필요성과 민감성에 대한 이해가 선행되어
  야 함

* 단순한 관계 유지 & 최상의 거래보다는 관계와 평판 강화 & 최선의 거래를 지향
  - RICHARD SHELL(리처드 쉘) 교수의 협상전략(Bargaining for Advantage)

Option 2 : ZOPA에 대한 정보 부족 및 의심이 들 경우, 의심이 들 경우, 첫
제안을 미루는 것이 좋음(상대의 첫 제안을 기다림)

* 터무니없는 기준선 설정은 협상결렬로 이어짐

이해관계

저는 통합협상을 추구하기 위해서는 협상개념 중 이해관계 (Interest)를 가장 명확하게 인지해야 한다고 생각합니다. 이해관계에 대해 자세히 알아보기 전에 먼저, 통합협상에서 협상 파트너 인식 프레임을 살펴보겠습니다.

통합협상에서의 협상 파트너 인식

협상 : 상호 만족스러운 결과를 실현하기 위한 커뮤니케이션

협상 파트너는 커뮤니케이션의 파트너 – 협력자 / 동반자

너무 자신에게만 유리한 협상 지양 – 상생(相生)의 통합협상 추구
일대일 대응 양보의 법칙(상응하는 양보 제공)
게임의 법칙 준수(정직 / 신의성실)

협상 파트너를 상호 윈-윈의 비즈니스 협력자로서 '코페티션 커뮤니케이션(Copetition Communication)' 채널을 함께 구축하는 동반자로 생각하는 것입니다. 이것의 핵심은 '진실된 커뮤니케이션'과 '협상 파트너가 진정 원하는 것의 존중마인드'인 것입니다. 진실된 커뮤니케이션이란 자신의 상황과 관련된 정보를 적절하게 공개한다는 의미입니다. 하지만 모든 것을 오픈하라는 것이 아닙니다. 특히 협상타결에 대한 강한 열망의 표현, 즉 이 협상을 체결해야 하는 이유를 서로 진실되게 교류하는 것이야말로 코페티션 커뮤니케이션 채널의 핵심 브릿지라고 생각합니다. 이 핵심 브릿지를 통해, 협상의 교착이나 갈등이 발생했을 때, 서로의 잠재적 이해관계를 충족할 다양한 창조적 대안의 공동모색이 이뤄질 수 있습니다. 협상타결에 대한 강렬한 의지를 바탕으로 할 때만이 서로의 자원과 역량을 제대로 공유할 수 있습니다. 상호 이해관계 만족이라는 목표를 향하여, 보다 열린 자세로 서로의 지혜를 모으고 소통할 수 있다는 것이지요.

본 협상 시뮬레이션을 가지고 살펴보겠습니다. 제3세계 정부와 원료계약 체결을 위해서 우리는 "왜 이 계약이 이뤄져야 하는지"에 대하여 설명했습니다. 청정알코올은 공장건설 계획을 설명했고, 이를 위해 필요한 원료의 적정가격과 물량을 오픈했습니다. 동시에 이 계약이 협상 파트너인 제3세계 정부에 가져다 줄 이익을 제시했구요. 물론 처음에는 협상문화의 차이와 협상가격이라는 단일 협상이슈에 대한 의견 차이로 인해 많은 위기와 갈등이 있었습니다. 청정알코올에서 먼저 통합협상의 태도를 강력하게 보였습니다. 이 협상을 통하여, 모두가 이익을 얻을 수 있는 방법을 지속해서 제시했지요. 특히 협상 파트너인 TW 군부의 이해관계에 초점을 맞추어, 그들의 목소리에 귀 기울였습니다. 어느 순간, TW 군부도 통합협상을 추구하게 되었고, 조금씩 상호 신뢰관계를 구축할 수 있었습니다. 이겨야 하는 경쟁자가 아닌 통합협상의 완성을 위한 동반자로 서로를 바라보게 된 것입니다. 이런 상황에서 단순한 가격차이는 큰 문제가 되지 않겠지요. 협상타결에 문제가 되는 핵심이슈를 해결하기 위해서 상호의 노력으로 창조적 대안을 만들었으며, 결국 협상계약을 체결하게 되었습니다.

본 협상 시뮬레이션에서, 통합협상을 이끄는 협상 파트너에 대한 존중의 마인드는 '이해관계 파악과 존중'에 최선을 다할 때 기본적으로 가능하다는 것을 느끼실 수 있을 것입니다. 지금부터 '이해관계'에 대해 본격적으로 살펴보겠습니다.

이해관계의 구성요소는 다음과 같습니다.

이해관계의 구성요소

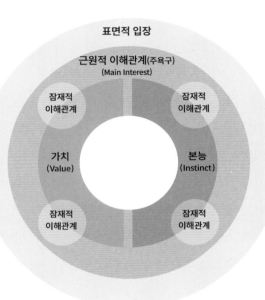

- 협상 파트너의 명확하게 드러나는 욕구 이외에 다양한 잠재적 욕구가 숨겨져 있음
- 다양한 잠재적 욕구를 파악 및 자극함으로써 협상 파트너의 주욕구(Main Interest)의 기대치를 낮추거나 포기하게 함(주욕구와의 경쟁에서 승리)
- 협상 파트너의 욕구 유연성을 증대함 → 협상의 성공 가능성 제고

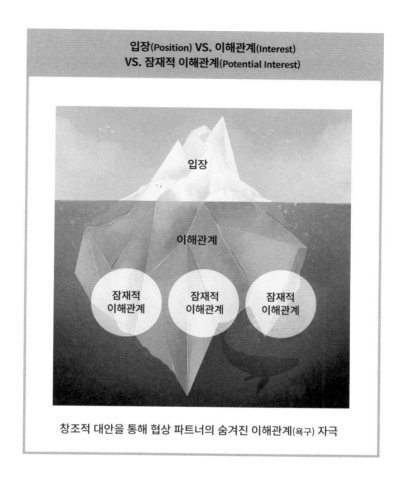

입장(Position) VS. 이해관계(Interest)
VS. 잠재적 이해관계(Potential Interest)

입장

이해관계

잠재적
이해관계

잠재적
이해관계

잠재적
이해관계

창조적 대안을 통해 협상 파트너의 숨겨진 이해관계(욕구) 자극

특히 저는 여기서 협상 시작 전에 이해관계 분석의 중요성을 강조하고 싶습니다. 최대한의 신뢰정보를 통해 이해관계를 합리적으로 추론한 후, 협상전략을 수립해야 할 것입니다. 특히 이 프로세스의 대부분은 협상 파트너와 진솔한 대화를 통해, 가

장 실효적으로 접근이 가능하다는 것을 기억해야 합니다.

협상 파트너 이해관계 분석 CHECK LIST		
정보취득 & 분석	조사	협상 파트너 웹사이트 / 마케팅 자료 / 사업보고서 / 회계감사 보고서 / 언론자료 검토
		협상 파트너의 동종업계 분석(경영환경 변화 초점)
		협상 파트너 조직 내 인사들과의 공식, 비공식적 접촉
	분석 / 판단	협상 파트너 측면에서 이해관계(근원적,잠재적) 추정
BATNA 분석	내.외부 경영환경	재무성과
		주요 비지니스 전략
		경쟁압력과 제약상황 및 잠재적 위기요소
		Michael E. Porter 5 Forces Model 분석 〈잠재적 진출기업 위협 / 기존 기업간의 경쟁 / 대체품의 위협 / 공급자의 교섭력 / 구매자의 교섭력〉
	협상 가치	본 계약이 협상 파트너에게 가지는 중요도
		협상 파트너의 협상목표
		협상 파트너와의 상호이익 창출을 위한 조건
	교체 거래	협상 파트너가 제 3자와의 공식적, 비공식적 협상시작 여부
		본 제안의 희소성

그렇다면 성공적인 통합협상을 위해서는 어떤 방식으로 대

화를 해야 할까요? 다시 말해, 어떻게 질문해야 협상 파트너가 열린 마음으로 자신의 욕구, 즉 이해관계(잠재적 이해관계 포함)를 드러낼까요? 그것의 해답은 개방형 질문(개방이라는 것은 어떤 제한된 공간을 오픈하여, 자유롭게 교류하도록 한 것을 말함 & 개방형 질문은 정형화되지 않은 다양한 대답을 유도)입니다. 개방형 질문은 협상 파트너에게 많은 정보의 제공을 유도합니다. 특히 진심어린 공감을 보여준다면, 협상 파트너는 자신의 솔직한 생각과 감정을 표출할 가능성이 높아질 것입니다.

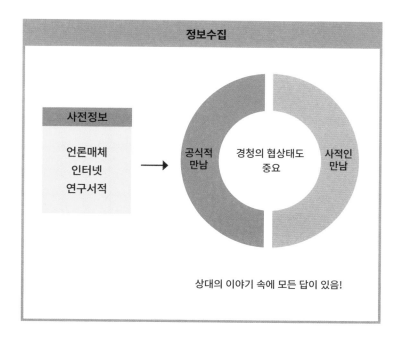

여러분! 기억하세요. 여러분께서 먼저 열린 자세를 보여주시면, 상대방도 열린 자세로 여러분에게 다가옵니다. 여기서 열린 자세를 상징하는 개방형 질문을 소개할게요. 다음의 표를 보시면, 쉽게 이해하실 수 있습니다.

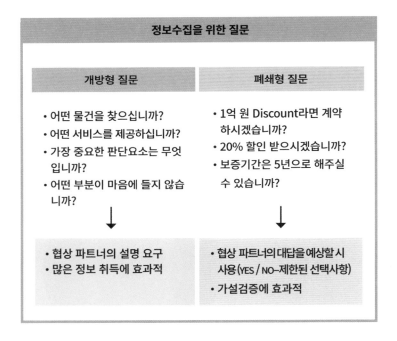

질문의 힘

협상 파트너의 욕구(Interest)와
잠재적 욕구(Potential Interest)를 파악할 수 있음

협상 파트너의 논리를 파악하고, 논리를 공략할 수 있음

성공협상을 위한 대안 개발 가능
〈예: 저희 대안의 실현가능성이 부족한 것 같습니다.
이 문제에 대한 대안을 함께 고민해주시면 감사하겠습니다.〉
(협상 파트너의 존재감 부각)

협상 파트너의 전략과 같은 필요정보 수집 가능

자신의 진지함과 논리성을 어필할 수 있음

협상은 협상 파트너의 Interest를
파악·만족·자극 시키는 것임

제가 개방형 질문을 사용해, 협상 파트너의 잠재적 이해관계를 잘 도출한 사례를 하나 소개해드리겠습니다. 물론 이 사례는 협상 당사자 모두가 만족한 통합협상이었습니다.

'해외플랜트 프로젝트 경영컨설턴트'로서 제가 P국가에서 신규법인을 설립할 때였습니다. 저개발국가인 그곳에서 저희가 필요로 하는 스펙을 가진 인력을 채용하기가 정말 어려웠습니다. 특히 저개발국가의 특성상 현지인력의 성공적 선발 여부는 사업의 성패로 이어질 수 있는 중요한 경영의사결정이었습니다. 당시 현지법인의 조기 정착을 위하여, 해외기업 경험을 가진 엔지니어 출신의 간부가 필요했습니다. 특히 한국인 구성원과의 원활한 커뮤니케이션을 위해서 영어사용이 필수적이었구요. 약 5개월 동안, 적합한 인력이 전혀 보이지 않았습니다. 심지어 포기하고 싶은 심정이었습니다. 그런데 갑작스럽게 아주 적합한 인재를 만나게 되었습니다. 특히 이 친구는 유럽에서 MBA를 마쳤으며, 현지 경제단체 및 기업과의 신뢰의 네트워크을 가지고 있다는 사실을 평판조사로 확인했습니다. 저개발국가에서 비즈니스를 할 때는 이런 인맥의 힘이 매우 중요하다는 것을 당시 저는 강하게 인지하던 상황이었습니다.

드디어 Mr. J라는 친구와 채용협상을 하게 되었습니다. 연봉급액과 기간에서 현격한 의견차이가 존재했습니다. 그럼에도 저는 이 친구를 꼭 잡고 싶었습니다. 그 이유는 대화를 하면서 이 친구가 가진 명확한 커리어 로드맵과 비전에 깊은 감동을 받았기 때문입니다.

만약 제가 연봉금액과 같은 단순히 표면적 입장에만 집착했다면, 절대 이 친구를 스카우트할 수 없었을 것입니다. 왜냐하면, 우리보다 훨씬 좋은 경제적 조건을 제시할 수 있는 글로벌 기업들이 있었기 때문입니다. 저는 이 친구의 능력과 상황을 존중했으며, 진심어린 대화를 통하여, '현지 최고 연봉'이라는 그의 근원적 이해관계(표출되는 내면의 욕구)뿐만이 아니라 잠재적 이해관계(그의 내면에 감춰진 욕구)를 파악할 수 있었습니다. 저는 다음과 같은 질문을 했습니다.

"Mr. J! 채용이슈를 떠나서 당신이 추구하는 삶의 방향과 철학은 저에게 많은 감동을 주었습니다. 저는 당신에게 많은 것을 배웠고, 또 앞으로도 많은 것을 배우고 싶습니다. 비록 저와 함께 일할지는 모르겠으나, 우리 이 인연으로 좋은 친구가 되었으면 합니다. 제가 이 나라에 머무르는 동안, 당신에게 상의를 드릴 일이 많으리라 생각됩니다. 저는 가슴이 따뜻한 당신이라면 회사를 선택할 때 비단 금전적 문제 이외에 다른 것을 더 많이 고려하리라 생각됩니다. 혹시 어떠한 것을 중요하게 생각하는지요?"

저의 이 질문에 그는 마음을 열고 아주 깊은 속내를 꺼냈습니다. 그의 잠재적 이해관계란 '젊은 지식인으로서 저개발국가의 경제발전에 대한 기여와 빠른 시기 내의 결혼'이었던 것이었어요. 당시 제가 경영자문하고 있던 회사는 대형 대체에너지 플랜트 회사였습니다. 그래서 기간산업이 이 나라의 경제발전에 안정감있게 이바지할 수 있는 기능과 역할에 대하여, 합리적 근거를 갖고 설명했습니다. 또한, 현지 소비재 중심의 글로벌 기업으로의 취업뿐만이 아니라 유럽 소재 해외기업으로의 취업을 병행추진하는 이 친구에게 조국에 있어야 결혼할 확률이 단기적으로 높다고 조언도 했구요. 이러한 대화 속에서 우리는 서로의 진심을 확인하고, 합의점을 향한 지혜를 함께 모으기 시작했답니다. 어떠한가요? 질문의 위대한 힘을 느낄 수 있지 않나요? 좋은 질문과 경청은 두 사람의 마음을 열어주는 황금열쇠인 것입니다. 마음이 열린 상태에서는 서로의 의견이 더욱더 부드럽고 신속하게 통한다는 것을 기억하시면 좋겠습니다. 비즈니스 협상 역시 커뮤니케이션입니다. 좋은 질문과 경청을 통하여, 좋은 친구를 만들어간다는 협상자세를 가져보는 것이지요. 이 협상자세는 모두가 만족하는 통합협상으로 여러분을 안내할 것입니다.

BATNA

BATNA

BATNA = Best Alternative To Negotiated Agreement

* 본 협상용어는 '하버드 협상 프로그램'의 로저 피셔와 윌리엄 유리
가 『YES를 이끌어내는 협상법(Getting to Yes)』이라는 책에서 처음
사용됨!

↓

협상결렬 시, 취할 수 있는 최선의 대안
협상준비 시, 이상적 결과(Desired Outcome)와 함께
BATNA 역시 준비해야 함

BATNA를 설명하기 위해서 앞의 스카우트 협상을 연계하여
살펴보겠습니다. 당신 저에게는 이 친구와 협상결렬 시, 택할
수 있는 대안(BATNA=Best Alternative To Negotiated Agreement)은 새
로운 인력 채용이었지만, 그 확률은 매우 낮은 상황이었습니다.
하지만 반대로 이 친구는 뛰어난 능력과 사회적 네트워크를 바
탕으로 다양한 대안을 가지고 있었구요. 이 나라에 진출하려는

외국기업 누구나 이 친구를 탐낼 수밖에 없다는 판단이었습니다. 시간적·물리적 여건상 제가 다른 대안(인력)을 찾는 것은 무모한 상황이었지요. 그래서 저는 이 친구의 근원적 이해관계와 잠재적 이해관계를 충족하기 위해 최선을 다했습니다. '현지 최고연봉 대우'라는 근원적 이해관계 충족이 급여예산 초과 같은 현실적 이유로 어렵게 되자, 저는 진심어리게 '조국 경제발전에 실제적 기여'라는 잠재적 이해관계 충족에 초점을 맞추었답니다. 물론 배정된 급여예산내에서 최대한의 경제적 혜택을 주고자 노력했습니다.

이처럼 BATNA 분석 및 평가는 실효적이고 유연한 협상전략 수립에 매우 중요한 근거가 됩니다. BATNA의 중요성과 분석방법을 잠시 살펴보겠습니다.

BATNA 평가

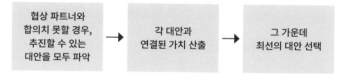

| 협상 파트너와 합의치 못할 경우, 추진할 수 있는 대안을 모두 파악 | → | 각 대안과 연결된 가치 산출 | → | 그 가운데 최선의 대안 선택 |

BATNA는 현재 협상에서 실패할 경우, 직면할 현실임
BATNA를 안다는 것은 합의 실패 시, 무엇을 할지 아는 것

우리의 BATNA가 협상 파트너와의 고통스러운 협상에서 탄생한
합의보다 나을 수 있음(시간과 노력의 기회 비용 / 다른 대안 상실)
& 협상을 지속해야 할지 판단

BATNA를 통해 유보가치 계산 가능

협상 파트너의 BATNA 평가 필요(협상 파트너 분석 기반)
- 상대의 강점뿐만 아니라 협상 파트너가 타결해야 할 필요성·
타결에 대한 의지·시간적 제약 등 약점에 관해서도 분석

협상 파트너 BATNA 파악

기능

- 협상 파트너의 최상의 대안을 파악
  → 그보다 유리한 합의안 도출
- 우리의 BATNA를 과대평가/과소평가하는 실수 회피
- BATNA 가치가 개인적 관점에 영향을 받을 수 있음
  → 가능한 한 객관적 입장 견지(중립적인 제3자 입장)

  David A.Lax & James K. Sebenius, *The Manager as Negotiation*(New York: Free Press, 1986), pp.57~58.

방법

- 동종업계 내 정보원 접촉
- 잠재적으로 관련된 자료(인터넷 비즈니스 잡지) 검토
- 협상 파트너나 소속회사 내 타인에게 비공식적 질문
- 공식협상에서 질문
- 협상 파트너의 입장에서 추측

BATNA 전략

BATNA 활용

- 긍정의 BATNA가 있을 시, 이를 드러내는 것이 필요함
- 부정의 BATNA가 있을 시, 협상 조기 타결 요망
  (협상 파트너의 인지·간파 전 신속 타결)
- BATNA 부재 간파 시 : 여론·언론·정부 활용

BATNA 공개

- 드러낼 때는 직접적·공격적인 스타일 지양
  (공격적 공개 – 협상 타결의 의구심 증폭)
- 협상타결을 위한 결정적 타이밍에는 구체적 공개 필요
- 협상 파트너의 BATNA를 파악 및 분석 → 문제점 제기

참고로 이 스카우트 협상사례를 추가정보를 반영해 협상 프레임워크로 간략히 정리하면 다음과 같습니다.

협상 프레임워크 노트 작성 PRACTICE #1

스카우터(저자)

- 동남아 진출 1년
- 현지 기업 조기 정착을 위해 해외 기업 경험 간부 필요
- 영어사용 가능 MBA 졸업자 필요
- 엔지니어링 지식 필요
- 장기 근속 가능자 선호

Mr.J

- 학부: 기계공학
- 국비 장학생으로 유럽MBA 졸업
- 해외 대기업 1군데 경력(합 6년)
  (현지에서는 이례적인 장기 근속)
- K국가가 아닌 유럽으로 취업 선호
- 현지의 신뢰경제 네트워크 보유

협상 프레임워크 노트 작성 PRACTICE #2

스카우터(저자)

Issue	Position
연봉	$30,000
계약기간	3년
직급	General Manager

욕구(Interest)
- 사내 인사관리규정 준수(직급별 연봉) & 핵심인력 스카우트 어려움 해결
- 중장기 계약체결로 핵심인재 안정적 확보

잠재적 욕구(Potential Interest)
- 최고 인력 스카우트 성공으로 인한 능력 증명
- 현지 관리자로 발탁
- 현지 네트워크 활용도 제고

Mr.J

Issue	Position
연봉	$50,000
계약기간	3년
직급	General Manager

욕구(Interest)
- 최고 연봉 대우(현지 최고 스펙 + 유럽 진출 포기 기회비용)

잠재적 욕구(Potential Interest)
- 조국의 경제발전에 대한 기여
- 결혼

협상 프레임워크 노트 작성 PRACTICE #3

스카우터(저자)

객관적 기준	**Position** 연봉 $30,000 인사관리 시스템 상 연봉 기준 현지 동종업계 평균 급여

BATNA	BATNA 개발
새로운 인력 채용	복수의 인력 채용 시도

Mr.J

객관적 기준	**Position** 연봉 $30,000 인사관리 시스템 상 연봉 기준 현지 동종업계 평균 급여

BATNA	BATNA 개발
현 회사에 잔류 또는 타 회사 취직 시도	현 회사 또는 유럽 회사와의 좋은 스카우트 조건 도출

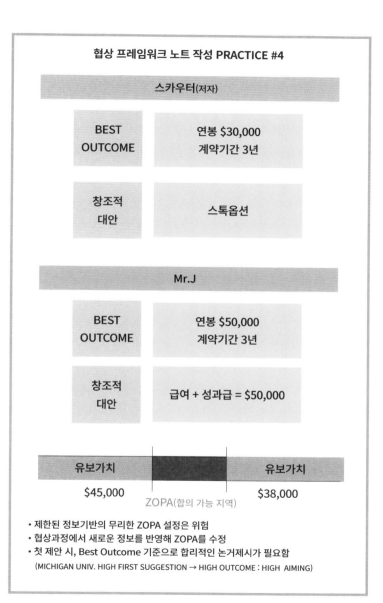

협상 프레임워크 노트 작성 PRACTICE #4

스카우터(저자)

BEST OUTCOME	연봉 $30,000 계약기간 3년
창조적 대안	스톡옵션

Mr.J

BEST OUTCOME	연봉 $50,000 계약기간 3년
창조적 대안	급여 + 성과급 = $50,000

유보가치		유보가치
$45,000	ZOPA(합의 가능 지역)	$38,000

- 제한된 정보기반의 무리한 ZOPA 설정은 위험
- 협상과정에서 새로운 정보를 반영해 ZOPA를 수정
- 첫 제안 시, Best Outcome 기준으로 합리적인 논거제시가 필요함
  (MICHIGAN UNIV. HIGH FIRST SUGGESTION → HIGH OUTCOME : HIGH AIMING)

저는 아마 이 친구를 스카우트하기 위해 열 번도 더 만났던 것 같습니다. 어느 날 저녁, 한 카페에서 칵테일을 한잔하면서 우리는 서로 진심을 이해하게 되었습니다. 협상 콘체르토의 감성적 접근이 통하였던 것이지요. 우리는 협상 파트너를 떠나 친구가 되는 순간이었습니다. 서로의 이해관계를 충족해주는 다양한 창조적 대안이 마구 쏟아졌습니다. 신기하죠? 우리는 서로 만족하는 통합협상(Integrative-Negotiation)을 만들어냈던 것입니다.

창조적 대안

저는 여기서 통합협상을 위한 창조적 대안의 중요성에 대하여 말하고 싶습니다. 여러분께서 협상을 하시면서 협상 당사자 모두 체결하고 싶으나, 이를 가로막는 다양한 제약조건과 문제점을 부딪힐 때가 있을 것입니다. 그럴 때, 포기하시고 말 것인가요? 아니에요. 두 사람 모두 만족할 수 있는 통합협상의 체결 의지만 강력하다면, 창조적 아이디어가 용솟음칩니다.

본 협상 시뮬레이션으로 잠시 시선을 돌려보겠습니다. 청정알코올은 창조적 대안 도출의 합리적 방법을 제시하고 있습니다. 청정알코올은 어려운 협상의 난관을 극복하고, TW 군부와 사실상 협상을 타결하기로 합의했습니다. 하지만 마지막 계약 체결을 앞두고 중대한 변수가 생겼지요. 최초의 협의했던 공급 물량의 확대를 협의하는 과정에서 TW 군부의 현실적 제약사항이 보이기 시작했습니다. 그것은 다름 아니라 내년에 수확할 원료의 씨앗을 구매할 자금이 없다는 것이었지요. 아마 협상 프로세스에서 신뢰가 형성되지 않았거나, 협상타결에 대한 상호의지가 없었다면 협상이 결렬될 수밖에 없었습니다. 하지만 청정알코올은 강력한 협상체결 의지로, 창조적 대안을 제시했습니다. 창조적 대안이란 청정알코올에서 먼저 씨앗구매비를 지원하고, 내년에 TW 군부에게 원료를 구매할 때, 총 지급해야 할 금액에서 씨앗구매비를 차감하는 조건이었습니다. 어떻게 이러한 창조적 대안이 탄생할 수 있었을까요? 가장 근본적인 이유는 통합협상을 추구하면서 서로의 이해관계(근원적 욕구)에 대하여 보다 깊이 알 수 있었기 때문이에요. 청정알코올은 다음과 같은 생각을 하면서 창조적 대안을 만들어냈습니다.

'아! TW 군부는 비록 자금이 없어서 씨앗을 살 수 없지만, 재배만 한다면 매우 좋은 품질의 원료를 공급할 수 있을 것이다. 그리고 우리가 이들과 장기적 공급계약을 체결하면, 보다 안전하게 그리고 경제적으로 원료를 공급받을 수 있을 것이다. 특히 TW 군부는 지금 다가오는 선거를 위해서도 이번 계약은 반드시 필요하며, 이들과 장기적 협력관계를 위해서도 신속하게 계약을 체결하는 것이 좋을 것이다. 우리 역시 TW 군부와 협상이 결렬되면, 우리가 필요한 물량을 공급할 대안 공급자를 구하는 것이 단기적으로는 쉽지 않다. 공장건설을 곧 앞둔 시점

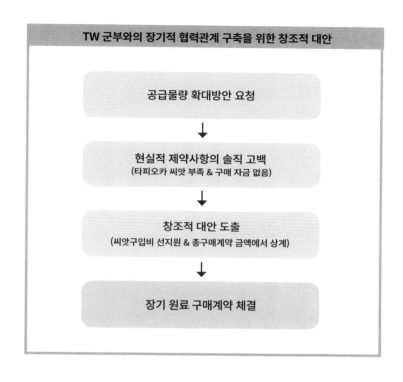

TW 군부와의 장기적 협력관계 구축을 위한 창조적 대안

공급물량 확대방안 요청

↓

현실적 제약사항의 솔직 고백
(타피오카 씨앗 부족 & 구매 자금 없음)

↓

창조적 대안 도출
(씨앗구입비 선지원 & 총구매계약 금액에서 상계)

↓

장기 원료 구매계약 체결

에서 빨리 원료를 확보해야만 본격적인 생산계획을 세울 수 있다. 지금 우리가 유연하게 대금지급 방식을 만들어준다면 그들과 신뢰관계는 더욱 강화될 것이다. 좋다. 일단 추가적으로 필요한 씨앗 수량과 합리적 가격을 고려하여, 자금을 지원하겠다. 대신 이 금액을 추후 총구매금액에서 상계하겠다.'

　모두가 만족할 수 있는 창조적 대안(옵션)을 만들기 위해서는 서로의 이해관계를 깊이 분석해야 합니다. 새로운 대안이 채

택 가능성 높은 합의안이 되려면 무엇보다 창조적 대안이 공정한 기준에 부합해야 합니다. 아무리 아이디어가 창조적이어도 한쪽만의 이익이 된다면 결코 합의안이 되지 못하기 때문입니다. 또한 대안이 다양할수록 신속하고 현실적인 합의안이 나올 것이구요. 실제적인 협상타결을 가져올 창조적 대안은 상호 간의 '이해관계 지향의 협상전략'을 토대로 만들어질 수 있습니다.

제가 한국 F사의 사외이사로서 협상전략을 수립했던, 아래

창조적 대안

공통된 목표에 근거한 창조적 대안(문제 해결): **공급량 증대에 대한 생각의 솔직한 공유**

창조적 대안: **거래 성사일에 지급될 총 금액에서 지원된 씨앗구매비 차감**

- ▶ 군부가 처한 제약상황(타피오카 씨앗구매 자금 부족) 극복

- ▶ 공통의 목표 달성을 위한 창의적이고 열린 마음으로 양측 모두의 이해관계를 만족시킴

    - 청정알코올(이해관계): 많은 양의 타피오카 구매
    - TW 군부(이해관계): 씨앗 구매를 위한 자금 확보
    - 공통의 목표: 타피오카 생산량 증대

창조적 문제해결 과정의 효과: **협상체결 의지 확인 & 장기적 비즈니스 관계 구축을 위한 든든한 신뢰의 디딤돌을 놓음**

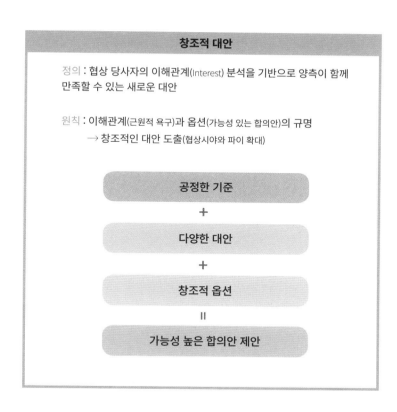

의 라이센스 협상사례는 다음의 메시지를 말하고 있습니다.

"협상의 당사자가 상대가 진정으로 원하는 이해관계를 존중하고, 그것의 접점을 맞추기 위해 노력하는 과정에서 상호신뢰를 쌓아갈 수 있습니다. 이 신뢰는 문제해결을 위한 다양한 창의적 아이디어와 지속가능 협력을 위한 안정적 디딤돌을 새롭게 만듭니다. 추가 합의사항이 보여주듯이 창조적 대안은 결국 지속가능한 동반성장을 목표로 향하는 것입니다."

이처럼 창조적 대안의 도출은 협상 프로세스에서 맞이하는 위기와 어려움 속에서 새로운 기회와 혁신적 관점의 솔루션을 찾아가는 과정입니다. 창조적 대안의 도출방법과 이에 대한 방해요소 및 극복방안에 대한 명확한 이해가 기반이 될 때, 협상 파트너와 함께하는 적극적인 '협상 리스크 매니지먼트(Negotiation Risk Management)'가 가능할 것입니다.

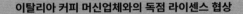

이탈리아 커피 머신업체와의 독점 라이센스 협상

창조적 대안: 요구(Position)이 아닌 욕구(Interest)에 집중하여
다양한 유형의 WIN-WIN 방안을 도출할 수 있음

 이탈리아 C사

- 독점 라이센스 기간은 3년 (Position)
- 많은 수의 한국 수입업체가 수입에 관심 표명
- 경험상 과거 한국업체가 장기계약을 한 후, 매출목표 불이행(Interest)

 한국 F사

- 투자금 회수를 위한 최소 독점 라이센스 기간은 6년 (Position)
- 유통망 구축을 위한 막대한 신규 투자금액이 사용됨(Interest)

이탈리아 커피 머신업체와의 독점 라이센스 협상

OPTION 1 (표면적 Position 지향)

- 입장(Position)즉 라이센스 기간에만 집착한다면, 중간쯤의 절충기간으로 합의될 것임
- 이럴 경우, 양측이 모두 불만족스러울 것임
- 이탈리아 C사는 절충기간 동안의 매출목표 불이행을 걱정할 것이며, 한국의 F사는 절충기간 동안 투자비 회수의 불확실성을 두려워할 것임

OPTION 2 (근원적 Interest 지향의 창조적 대안 도출)

- 이해관계(Interest)를 기반으로 하여, 아래와 같은 상호 만족스러운 창조적 대안을 도출할 수 있음
  - * 3년을 계약 조건으로 상호 설정 매출목표 달성 시 3년 자동 연장(최대 총 6년 라이센스 기간)
- 상호 이해관계 충족 노력과정에서 신뢰구축을 통한 추가 합의사항
  - * 3년내 매출 증대 협력을 위한 상품매입 결재 여신규모 최초 C사 제안 기준 대비 1.5배 증대 & 매출목표 달성을 통한 자동 연장 시, C사 지원 마케팅 비용 2배 확대

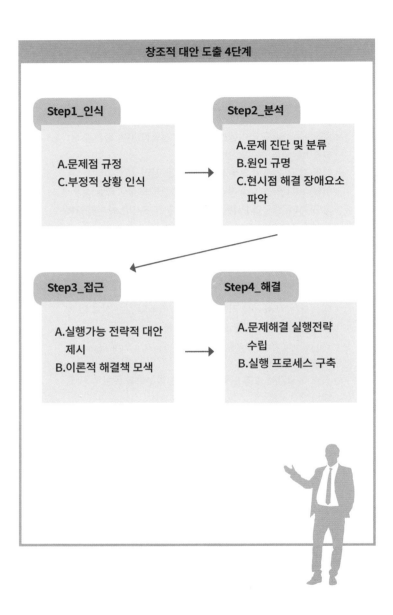

창조적 대안 도출 4단계

Step1_인식

A.문제점 규정
C.부정적 상황 인식

Step2_분석

A.문제 진단 및 분류
B.원인 규명
C.현시점 해결 장애요소
　파악

Step3_접근

A.실행가능 전략적 대안
　제시
B.이론적 해결책 모색

Step4_해결

A.문제해결 실행전략
　수립
B.실행 프로세스 구축

창조적 대안 도출의 방해요소

이기주의

자신의 이해관계만 고려하고 협상 파트너의 이해관계를 존중하지 않음

성급한 판단

다양한 창조적 대안을 생각할 심리적/물리적 여유를 가지지 못함

단일 해결방안 집착

경직/폐쇄적인 사고

상생(相生)의 통합협상 인식 결여

협상 당사자 중 한 편만의 승리를 생각

↓

방해요소의 극복방안

상호이익(Win-Win)에 부합하는 방안 모색

협상 파트너의 명확하고 과감한 의사결정을 이끄는 창조적 대안 도출

(상대의 시각으로 볼 때, 정당한 것으로 판명되어야 함)

공정한 기준을 정함으로써 원칙화된 협상 추구

(효율적·우호적 합의 도출 → 협상과정의 객관성 확보로 인한 대립 감소)

ZOPA

마지막으로 협상 프레임워크에 담긴 협상개념 중 ZOPA에 대해 살펴보겠습니다.

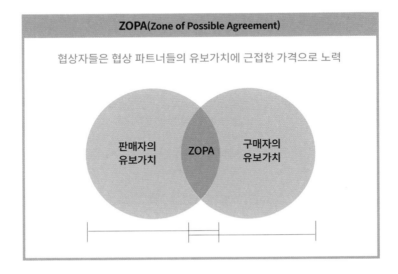

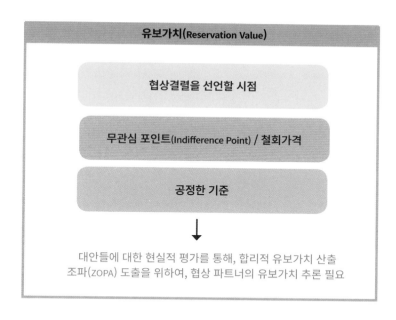

잠시 유보가치(유보점=마지노선점)를 본 협상 시뮬레이션에 다시 적용해보자면 다음과 같습니다.

유보가치(Reservation Value)

시작점

- 시작점(Opening Point): 협상 파트너에게 처음으로 제시하는 제안
- 협상단의 전략과 목표에 영향을 미침 → 고정점으로서의 역할

- 높은 시작점은 협상자에게 유리하게 작용
  (Northcraft & Neale, 1987; Tversky & Kahneman, 1973)
- 비합리적인 높은 시작점
  → 상대의 부정적 반응 또는 철회 가능성 야기
  (시작점은 협상전략의 하나로 주의 깊게 고려되어야 함)

목표점

- 최선의 결과로 정해 놓은 목표치
- 목표 설정 이론: 구체적이고 적당히 높은 목표가 협상자들의 동기 부여 & 최선의 결과(Best Outcome) 유도

유보점

- 유보점(Reservation Point, 마지노선): 주어진 협상에서 협상자가 받아들일 수 있는 가장 나쁜 결과
  ▶ 협상결과 < 유보점 → 협상철회 또는 협상철회 다른 대안 모색
  ▶ 마지노선은 협상의 최선의 대안(BATNA)에 기초해서 설정

구분	시작점	목표점	유보점
청정알코올	US$ 75/톤	US$75~90/톤	US$ 97/톤
TW 군부	US$ 140/톤	US$130~140/톤	US$ 90/톤 or 이하

내용	Best Outcome	$75/톤(공장도착가) / 연간 50,000~80,000톤 / 최소 5년 이상의 장기계약
	BATNA	사업계획 기준에 부합하는 가격·물량 및 품질로 TW 로컬 및 제3세계 인근 국가들의 Private Company로부터 구매
	Negotiation Type	Integrative type(Win-Win Game)
	Negotiation Strategy	다양한 세부전략 및 시나리오 수립
	Negotiable Price Range (ZOPA)	$75~$97범위
	협상 시한	July.20.2006
	협상 전담팀 구성 및 업무 분장	조직적 대응 능력 배양 (For the reasonable approach of Negotiating in Organization)
목표	협상의 안정성 및 합리성 제고 / 협상 프로세스의 효율성 및 효과성 극대화	
	지속적 성장을 가능하게 할 협상결과 도출(The Winner's Curse 제거)	

합리적 성과평가

방법: 협상 프레임워크에서 책정한 유보가치를 기준으로 평가
(책정한 유보가치를 넘었나?)

↓

ZOPA를 전체적으로 검토해보는 것
(ZOPA 범위 내 포션을 통해, 협상성과 평가)

협상 전 조사뿐만 아니라, 협상과정에서 새롭게 발견한 정보
를 반영한 ZOPA를 검토할 것(ZOPA의 재평가)

　

결국 ZOPA(Zone of Possible Agreement)는 결국 협상가능 가격 범위(Negotiable Price Range)인 것입니다. 또한 ZOPA의 개념은 합리적 협상성과 평가의 객관적 지표로 사용되는 것입니다.

코페티션 커뮤니케이션

통합협상 = 코페티션 커뮤니케이션

협상 프레임워크와 이를 구성하는 다양한 협상개념을 보시면서 여러분께서는 제가 왜 '통합협상(Integrative-Negotiation)'의 새로운 정의를 '코페티션 커뮤니케이션(Copetition Communication)'이라 주장하는지 이해하셨을 것입니다. 모두 만족하고, 지속적인 협력관계를 만들 수 있는 통합협상의 핵심은 더불어 살아가는 삶을 추구하는 코페티션의 가치를 실현하는 것이기 때문입니다.

코페티션 커뮤니케이션을 만드는 10가지 원칙을 살펴보겠습니다. 여기서 가장 강조하고 싶은 원칙은 "사람이 대상임을 기억하라!"입니다. 협상 파트너를 친구로 만들어줄 수 있는 비

코페티션 커뮤니케이션 원칙(Copetition Communication Principles)

1. 체계적 협상전략 기반의 커뮤니케이션
- 일관성 있는 협상 가능(신뢰감 제고)
- 커뮤니케이션의 목적(자신의 의도 전달)의 효율적 달성
- 전문가의 자문을 바탕으로 한 세부 커뮤니케이션 계획 수립

2. 가치있는 정보를 전달
- 유용한 정보의 공유는 통합협상(WIN-WIN)의 기초

3. 커뮤니케이션의 진정한 목적 이해
- 협상의 목적 → 상호 만족스러운 결과물 도출
- 커뮤니케이션의 목적
  → 정확한 의사전달과 협상의도의 명확한 파악

4. 경청(협상 파트너와의 커뮤니케이션에 집중)
- 숨겨진 다양한 정보의 획득
- 이해한 바를 확인하는 것이 중요
- 가능한 많이 동의하는 것이 중요(양보가 아닌 동의한 문제에 초점을 맞춤)
- YES를 차곡차곡 쌓기
- 상대의 견해(타당성)를 인정하는 것이 중요

5. 지속적 커뮤니케이션 진행 점검
방법: 협상 프레임워크에서 책정한 유보가치를 기준으로 평가
(책정한 유보가치를 넘었나?)

코페티션 커뮤니케이션 원칙(Copetition Communication Principles)

6. 긍정적 / 호의적 / 온화한 태도

- 태도
  목소리 / 언어 / 자세/ 단어/ 억양/ 눈빛 / 표정
  → 협상자 유형에 맞는 커뮤니케이션 스타일 구사
- 감정조절(생각을 표현하되 자극하지 말기)
- 협상 파트너의 감정 인정(진정효과) 및 분명한 사과
- 상대가 아닌 나를 말하기(상대의 견해 공격이 아닌 나의 관점 제시)
- 협상 파트너의 커뮤니케이션 주파수(스타일)에 맞추기

7. 언행일치

- 실행 가능한 약속 & 행동 실천

8. 사람이 대상임을 기억

- 커뮤니케이션의 대상은 사람임
- 협상 파트너의 권위와 역량 인정
- 감동주기
- 협상 파트너를 친구로 만들기(소주 한잔의 마술)

9. 눈에 보이지 않는 것을 주목

- 제품이나 서비스가 아닌, 신뢰감 진중함 인간성의 어필이
  보다 중요함

10.긴호흡의 동반성장 지속표명

- 지속적 상호번영을 위한 신뢰의 커뮤니케이션 채널 공고화
- 갈등시 긍정적 변화로의 새로운 커뮤니케이션 모멘텀 제공

공식 협상을 충분히 활용해야 한다는 메시지입니다. 서로 친구가 될 수 있을 때, 교착된 협상은 긍정과 배려의 새로운 무대가 펼쳐지게 되는 것입니다. 특히 비공식 만남에서 영향력 있는 신뢰의 조력자가 함께한다면, 보다 부드럽고 신속하게 협상타결이 유도될 수 있습니다. 본 협상 시뮬레이션에서도 보실 수 있듯이, 청정알코올과 TW 군부가 교착시기에 현지 산업경제부 장관의 중재와 도움이야말로 '외부 영향력의 도움'을 받은 좋은 사례로 평가될 수 있습니다.

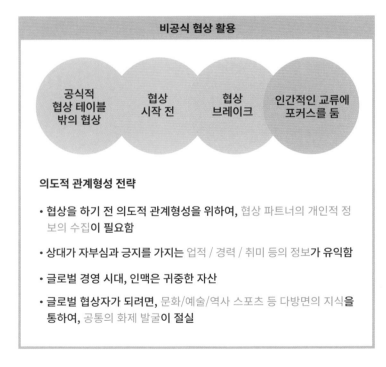

비공식 협상 활용

공식적 협상 테이블 밖의 협상 / 협상 시작 전 / 협상 브레이크 / 인간적인 교류에 포커스를 둠

의도적 관계형성 전략

- 협상을 하기 전 의도적 관계형성을 위하여, 협상 파트너의 개인적 정보의 수집이 필요함
- 상대가 자부심과 긍지를 가지는 업적 / 경력 / 취미 등의 정보가 유익함
- 글로벌 경영 시대, 인맥은 귀중한 자산
- 글로벌 협상자가 되려면, 문화/예술/역사 스포츠 등 다방면의 지식을 통하여, 공통의 화제 발굴이 절실

저는 코페티션 커뮤니케이션을 가장 잘 적용할 수 있는 협상
은 문화적 차이가 존재하는 글로벌 비즈니스 협상이라고 생각
합니다. '협상 시뮬레이션 분석노트'의 '협상 시뮬레이션 인사
이트' 섹션에서도 설명했듯이 문화가 협상에 영향을 주는 원인
은 다음과 같습니다.

문화가 협상에 영향을 주는 원인

1. 협상의 정의에 대한 관점
예) 북미: 경쟁적 과정 VS 아시아: 협력적 과정

2. 협상자들의 선택
- 문화에 따른 협상자 선택 시, 사용되는 요소 및 각 요소의 중
  요도는 다름(요소: 지식의 정도 / 성별 / 서열 / 지위)
- 협상의 정의에 대한 기본적인 이해 차이 반영

3. 의례
- 각 협상자가 서로에게 해줬으면 하는 형식적인 것들
예) 미국: 낮은 형식성 – 이름을 부르는 것은 널리 수용되는 문화
    영국: 높은 형식성 – 적절한 직함 사용이 필수적으로 요구됨

4. 협상진행 속도
- 협상진행 속도 선호도 차이
  한국: 속도와 신속함을 중요시하는 문화 & 회사의 긴급함 →
        청정알코올의 빠른 협상진행 추구

5. 의사전달

- 의사를 주고받는 방식(행동과 태도)의 차이

  예) 눈맞추기(Eye Contact)

  한국 – 공격적이고 무례한 것

  미국 – 대화주제에 관심을 가지고 있음을 보여주는 긍정적 신호

  청정알코올 – 협상단 단장의 의견에 대한 공개적 반대→ 무례

6. 위험선호 성향

- 이질적인 문화배경을 지니고 있는 협상자 간의 대표적인 갈등 원인

  예) 미국 – 빠른 협상 선호 / 모험 선호

  아시아 문화권 – 보수적 입장 / 점진적 안정적 협상과정 추구

7. 단체

- 단체지향 문화(모든 구성원의 완벽한 동의)와 개인지향 문화(일부의 의사결정 책임) 간 의사 결정과정 차이
- 협상의 권한이 오로지 군부협상단의 단장인 사령관에게 있었음
  → 사령관 설득을 위한 노력에 초점 → 효율적인 협상 마무리

8. 협상타결의 성격

- 협상타결의 의미에 대한 기본적인 이해 차이

  예) 미국 : 양해각서 - 협상의 완성

  　　　　　 그 순간부터 법의 보호를 받음

  중국 : 양해각서 – 협상의 시작

- Foster(1992) : 협상타결에 대한 해석 차이가 심각한 문제를 초래할 수 있음

코페티션 커뮤니케이션의 원칙들은 문화적 이질감이 존재하는 협상 파트너와 유연하고 협력적인 협상을 이끌어낼 것입니다.

통합 협상능력 평가지수

I.N.E.I (Integrative-Negotiation Evaluation Index)

‘글로벌 비즈니스 협상 시뮬레이션’을 담은 『MZ세대에게 알려주고 싶은 협상의 전략』를 읽어주셔서 진심으로 감사합니다. 협상 시뮬레이션을 경험하고, 이를 협상이론에 의해 체계적으로 분석하면서 여러분께서는 자연스레 협상전략의 정밀성과 안정성을 높이는 협상전략 프레임워크(Rational Negotiation Framework)의 중요성을 느끼셨을 것입니다. 또한 동시에 여러분 각자의 통합 협상능력 개발의 필요성을 인식하셨을 것입니다. 아래의 통합 협상능력 평가지수 I.N.E.I(Integrative-Negotiation Evaluation Index)를 작성하시면서, 스스로 지속해서 강화해야 할 협상역량 세부영역을 확인하시길 바랍니다.

통합 협상능력 평가지수 I.N.E.I
Integrative-Negotiation Evaluation Index

협상 콘체르토 (Negotiation Corcerto)		평가 항목	점수
이성적 접근	협상 프레임 워크 구축	명확한 협상목표를 가지고, 협상을 시작한다.	
	협상정보 취득 및 분석	협상 전 기대 결과·최종시한·협상전략 등이 포함된 협상에 대한 큰 그림(프레임 워크)을 그린다.	
		협상목표 달성에 필요한 구체적 협상전략을 수립한다.	
		협상결렬에 대비한, 대안(BATNA)을 준비한다.	
		협상 파트너에 대한 제반 정보 및 협상관련 현안(협상접점 이슈)에 대한 정보를 수 집한다.	
		충분한 정보의 확보 및 분석없이, 조급하게 가격이나 조건을 제시하지 않는다.	
		객관적 협상자료를 기반으로, 자신의 의견을 논리적으로 말한다.	
		협상 파트너의 표면적 입장(Position)보다는 근원적인 이해관계(Interest) 파악을 위해 노력한다.	
	팀워크 강화	내부 협상팀의 합리적 업무분담(책임/권한)을 준비하며, 팀워크 강화를 위해 지속 적으로 노력한다.	
	모의협상	실제협상을 대비한, 가상의 협상 시뮬레이션을 지속적으로 실시한다.	
	협상 마무리	협상결과를 문서화(상호 서명이 포함된 계약서)하여, 약속이행의 실효성을 강화시 킨다.	
	피드백	종료된 협상결과와 과정을 검토 및 분석하여, 이를 다음 협상준비에 반영한다.	
감성적 접근	코페티션 커뮤니 케이션	협상 파트너의 의견에 귀를 기울이며, 많은 질문을 하려고 노력한다.	
		예의를 갖추고 협상 파트너를 칭찬하며, 협상 파트너의 약점을 직접적으로 부 각시키지 않는다.	
		협상 파트너가 자신의 생각을 자연스럽게 표현할 수 있도록, 적절한 커뮤니케 이션 기술을 구사한다.	
		주기적으로 협상진행 상황을 정리 및 통보하여, 본 협상의 성공을 향한 의지를 피력한다.	
	협상문화 이해	협상 파트너와 문화적 차이를 인지하고, 이를 미리 준비한다.	
	네트워크 형성	신뢰와 정직을 기반으로 인간적 유대관계 형성을 위해 노력한다.	

협상콘체르토 (Negotiation Corcerto)		평가 항목	점수
상생적 접근	윈-윈 (WIN-WIN) 협상	협상 당사자 모두가 만족스러운 윈-윈 협상을 추구한다.	
		윈-윈 협상결과는 지속가능경영의 든든한 디딤돌이라 믿으며, 협상에 임한다.	
		협상 당사자들의 상생의 협상태도는 창조적 방안 창출로 이어진다고 믿는다.	
	통합협상 추구	단기적·일방적 이익일 경우, 협상 파트너와의 장기적 협력관계를 고려해, 기존 협상전략을 전향적으로 수정한다.	
		협상평가시, 경제적 가치뿐만이 아니라, 명성과 협력강화와 같은 비가시적 가치를 중요시한다.	
	파트너십 강화	벨류네트워크(Value Networks) 구성원인 협상 파트너를 존중한다.	
		작은 합의 하나 하나를 기반으로, 합의의 폭을 점차 늘려간다.	
창조적 접근	위기극복 의지	협상 결렬 시, 상황을 극복할 수 있는 창조적 방안을 찾으려고 노력한다.	
		협상 위기 시, 해결방안 모색을 위해 협상 파트너와 솔직한 커뮤니케이션을 한다.	
	사고의 유연성	열린 마인드를 가지고, 내부 구성원 및 협상 파트너와의 브레인스토밍을 활성화한다.	
		조건부 제안을 통하여, 협상의 새로운 해결안을 유연하게 유도한다.	
	사고의 확장	창조적 방안을 찾기 위해, 제3의 조정자 또는 관련 전문가에게 자문을 구한다.	
평가 기준		빈도 없음 - 1점 / 빈도 낮음(가끔) - 2점 / 빈도 높음(자주) - 3점 / 빈도 매우 높음(항상) - 4점	

구분	점수표	협상능력결과
Score Range	0 ~ 60	하
	61 ~ 90	중
	91~120	상

성공협상 평가

성공협상 평가 체크 리스트

여러분께서 수행한 최근 협상을 아래의 성공협상 평가 체크 리스트를 기반으로 모니터링해보세요. 체계적인 협상 프레임워크를 준비했는지요? 협상 콘체르트라는 전향적 협상태도로 통합협상을 추구하셨는지요? 협상 프로세스를 분석하고 발전방향을 새로이 모색했는지요? 그렇다면 이미 당신은 최고의 '협상 전문가'이십니다.

성공협상 평가 체크 리스트	
정당성	협상 당사자 모두 정당화할 수 있는 협상기준 채택 여부
BATNA	최종결과 > BATNA (우리의 이해관계 만족 여부 분석)
해결방안	공동의 이익을 위한 혁신적·효과적 해결방안의 지속적 모색
관계(Relationship)	협상기간 동안, 신뢰와 협력관계 구축 여부
약속 이행	현실적 이행 가능 여부(양 당사자의 이행능력)
코페티션 커뮤니케이션	지속적인 협력을 위한 건설적 커뮤니케이션 채널 구축 여부
통합협상	상생의 통합협상 여부(협상 파트너의 이해관계 만족 여부)

협상 프로세스별 평가

여기서 강조하고 싶은 점은 협상평가를 협상 프로세스별로 해야 한다는 것입니다. 그럴 때 비로소 정밀한 분석과 체계적인 개선안을 도출할 수 있기 때문입니다. 저는 GREENHALGH(그 린핼프) 교수가 그의 저서 『Managing Strategic Relationship』에서 제시한 협상 프로세스가 가장 체계적인 협상평가의 수단(Tool) 이라고 생각합니다.

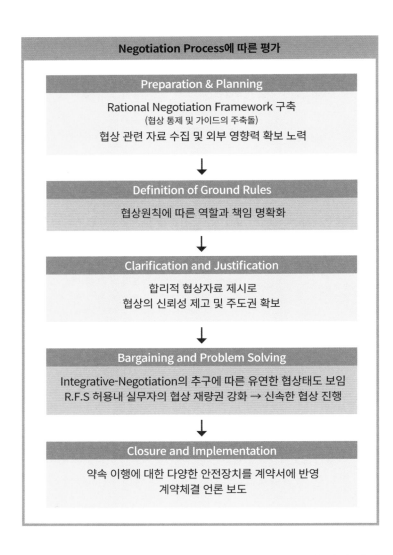

Negotiation Process에 따른 평가

Preparation & Planning

Rational Negotiation Framework 구축
(협상 통제 및 가이드의 주축돌)
협상 관련 자료 수집 및 외부 영향력 확보 노력

↓

Definition of Ground Rules

협상원칙에 따른 역할과 책임 명확화

↓

Clarification and Justification

합리적 협상자료 제시로
협상의 신뢰성 제고 및 주도권 확보

↓

Bargaining and Problem Solving

Integrative-Negotiation의 추구에 따른 유연한 협상태도 보임
R.F.S 허용내 실무자의 협상 재량권 강화 → 신속한 협상 진행

↓

Closure and Implementation

약속 이행에 대한 다양한 안전장치를 계약서에 반영
계약체결 언론 보도

그렇다면, 본 협상 시뮬레이션을 협상 프로세스에 따라 한번
평가해보겠습니다.

Negotiation Process에 따른 평가

협상을 위한 준비

- 협상의 취지와 필요성에 관한 명확한 규정(협상주제 / 역할 / 목표 등)
- 청정알코올 – 미래성장 한계 직면 → 바이오에탄올 잠재력 발견
  → 생산 적합 원료조사 → 타피오카 확인

상대방과의 관계 정립

- 지속적인 상호교류를 통한 공통점 차이점 인식 → 상호 목표 파악
  → 양측 모두의 성공적인 결과물 도출을 위한 최선의 노력
- ▶ 청정알코올 – TW 군부를 협상 가능 파트너로 판단하고, 협상 제
  안서를 보냄으로써 본 단계를 완수

정보 수집

- 각 협상단의 요구사항 / 타협 가능성 / 비타협 시 파생되는 결과물
  등을 다룸
- ▶ 청정알코올 – 4월 5일의 만남과 그 결과로 이어진 합동 시장조사를
  통해 TW 군부의 입장과 요구사항 확인(협상의 성공 가능성을 살펴봄)

Greenhalgh(2001). *Managing Strategic Relationship*. New York: Free Press

Negotiation Process에 따른 평가

수집정보를 이용한 협상안 설정

- 수집된 정보를 이용해 제안서 정리
- 통상 자신의 이익 극대화를 위한 제안서 작성에 집중
▶ 청정알코올이 제안서를 TW 군부에 전달하기 전에 이루어졌음

협상결과에 대한 입찰

- 제안서 제시 후, 양측 모두에게 만족스러운 선택을 향해 나아감
- 양측의 동의 → 협상의 성공적 마무리
▶ 타피오카 가격 협상과정에서 관찰할 수 있음

협상의 마무리

- 양측 모두 만족할 수 있는 방식으로 토의를 이끌어가는 것이 중요
- 협상 마무리를 위하여, 집중된 노력이 요구됨
▶ 청정알코올 - 최종제안 & TW 군부와의 최종계약 서명으로 본 단계를 마무리

Greenhalgh(2001). *Managing Strategic Relationship*. New York: Free Press

Negotiation Process에 따른 평가

양해각서의 이행

- 계약서에 명시된 계약 내용을 실행하는 단계
- 계약 내용 불만족: 새로운 협상 재개 또는 중재자 재판을 통한 문제 해결
- ▶ 청정알코올과 TW 군부는 타피오카 거래를 실제로 이행함으로써 본 단계를 완수

핵심 메시지

- 본 과정에 대한 토의 중점사항: 본 모델을 규범적인 의미에서 이해
- ▶ 실제 협상이 제시된 절차처럼 간단하지 않음
  실제 협상에서는 단계의 생략 또는 동시 발생이 이루어짐
- ▶ 이상적 모델과 현실 사이의 괴리가 모델의 가치를 손상하는 것은 아님

- 청정알코올이 따른 절차들은 Greenhalgh(2001)이 논의한 단계들과 매우 유사
- ▶ 청정알코올의 입장에서 성공적인 결과 도출에 가장 도움이 되었던 단계에 대한 토론은 의미 있음

Greenhalgh(2001). *Managing Strategic Relationship*. New York: Free Press

협상 전문가

이러한, 협상 프로세스에 따른 세부 분석을 통해, 지속적인 실무 협상역량을 강화하다 보면 여러분께서는 자연스레 진정한 '협상 전문가'가 되실 것입니다.

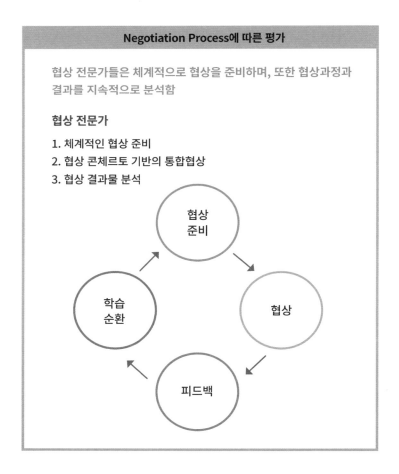

Negotiation Process에 따른 평가

협상 전문가들은 체계적으로 협상을 준비하며, 또한 협상과정과 결과를 지속적으로 분석함

협상 전문가

1. 체계적인 협상 준비
2. 협상 콘체르토 기반의 통합협상
3. 협상 결과물 분석

협상 준비

협상

피드백

학습 순환

Negotiation Expert

- 협상목표와 조직목표의 일치화
- 합리적 협상 프레임워크에 기반한 철저한 사전 준비
- 합리적 협상 메커니즘에 기반한 협상능력 배양
- 끊임없는 BATNA 개발 및 개선
- 협상 파트너의 잠재적 욕구 발굴
- 창조적 대안도출
- 윈-윈의 통합협상(Integrative-Negotiation) 추구
- 지속가능협력의 커뮤니케이션 구사
- 윤리적 행동의 실천 및 약속의 준수로 인한 신뢰 구축
- 신뢰의 장기적 협력관계 지향

협상 시뮬레이션을 마치며

아드 폰테스(Ad Fontes)

'원천으로'라는 뜻의 라틴어 표현입니다. 데시데리위스 에라스무스(Desiderius Erasmus Roterodamus)가 주장한 구호로 중세에서 근대로 이끈 르네상스의 정신(새로운 패러다임을 가져온 도전정신)을 상징합니다. 오늘의 우리는 한쪽만 승리해야 한다는 협상문화를 당연시하는 기존 질서에 대한 근본적인 탐구 및 도전 그리고 새로운 협상 패러다임의 등장이 요구되는 시대에 살고 있습니다. 서로의 이익을 함께 추구하는 '통합협상'의 가치는 사회 구성원 간의 '더불어 살아가는 삶의 아름다움 추구'의 원천이 될 것입니다. 이는 곧 공동체 및 구성원 모두의 지속가능성장(Sustainable Growth)이라는 동반번영으로 이어질 것입니다. '포스트 코로나 시대'에서 글로벌 경제위기의 돌파구는 포괄적 글로벌 경제협력체계의 구축이라고 생각합니다. 현재의 시기가 새로운 르네상스 시작을 의미하는 시기가 될 수 있으려면, 우리는 아마도 '아드 폰테스'의 정신을 계승한 '코페티션 커뮤니케이션 (Copetition Communication)'이 상징적으로 확대되어야 할 것입니다. 특히, 'ICT 지식정보화, 글로벌 경제 동조화, 혁신적 비즈니스 플랫폼 가치창출'로 대표되는 포스트 코로나의 메가트랜드 경영환경 속에서 글로벌 비즈니스를 역동적으로 수행하고 있는 MZ세대가 한쪽의 승리만을 위한 단순한 협상테크닉을 지양하고, 상호 협력의 협상철학을 지향하여, 새로운 통합협상 패러다임의 주인공이 되기를 기대합니다.

부록

영문 버전 협상 시뮬레이션

영어로 진행하는 비즈니스 커뮤니케이션 교육이나

협상전략 세미나에 활용하시길 바랍니다!

Negotiation Simulation Case

Negotiation Simulation Case

PAE KI-PYO OF THE LEAD AUTHOR

Cross-Cultural Negotiation between Clean Alcohol and TW's Army

Company and Industry Overview

In 2006, Clean Alcohol (pseudonym) was a leading company in the Korean ethanol industry. In Korea, ethanol had been primarily used as a raw material for Soju (distilled liquor). Due to regulations that classify the ethanol industry as one of the industries that should be protected from foreign competitors, the company was able to maintain a stable market position. However, regulations not only provided protection but also imposed a substantial limitation for ethanol companies by restricting their scope of business. These regulations presented problems for the companies, including Clean Alcohol, by limiting their growth potential in the domestic ethanol market.

Since Clean Alcohol's main business (i.e., making edible ethanol) was under strong restrictions from the government and had a diminishing domestic market, the company sought out new opportunities for future growth. Among the various opportunities, bio-ethanol business appeared to be the most promising, considering its enormous growth potential and increasing demand for the product (Exhibit 1). At that time, the bio-ethanol industry was the focus of increasing worldwide attention as bio-ethanol promised to be one of the more viable sources of alternative energy, with the potential to replace gasoline as fuel for vehicles. A number of countries promoted the development and use of bio-ethanol by providing subsidies and protection from other countries in order to fulfill the requirements of the Kyoto Protocol, which is linked to the United Nations Framework

Convention on Climate Change. Adopted in 1997, the Kyoto Protocol established binding targets for developed countries to reduce greenhouse gases by five percent as compared to the level of 1990 over the five-year period between 2008 and 2012. The bio-ethanol business was highlighted as a core business related to alternative energy through which the countries under obligation of the Kyoto Protocol could prove their efforts in reducing CO_2 emissions and achieve set goals. It is possibly for this reason that the volume of international trades of bio-ethanol has increased significantly in the Chicago Board of Trade (CBOT).

The key success factor for the bio-ethanol industry was securing a reliable supply of raw materials, such as sweet potato, sugarcane, and corn, at competitive prices. Thus, many ethanol companies attempted to secure reliable suppliers of these materials. The same was true in the case of Clean Alcohol. After deciding to engage in the bio-ethanol business, Clean Alcohol focused on locating sources for raw material. While investigating potential materials and sources for bio-ethanol, Clean Alcohol found that tapioca chips could be used for the production of bio-ethanol. They also found that a certain Third World country (heretofore known as "TW") was the leading producer of tapioca chips (Exhibit 2).

TW is a Third World country located in Southeast Asia with a low level of economic development. In 2006, there were no competitors or any other entry barriers in TW in securing tapioca chips. Fortunately, Clean Alcohol was a major shareholder of another company involved in the agricultural business in conjunction with TW's government. For this reason, Clean Alcohol could maintain a close relationship with TW's government, having access to prior business experiences and useful expertise in managing a business in TW. Taking all these factors into account, TW was considered the best option for Clean Alcohol as it developed its bio-ethanol business.

Convinced that TW was the best source of raw materials for producing bio-ethanol, Clean Alcohol conducted market research for tapioca supply chains in TW and concluded that the military headquarters of TW (heretofore known as "the Army") would be a plausible negotiation partner. This was due to the political nature of TW. The Army held substantial power in the politics and controlled major sectors of TW's economy, including agriculture. Thus, Clean Alcohol expected that, by negotiating with the Army of TW, it could achieve a reliable supply of large amount of tapioca chips.

By the time the company started negotiations with TW's Army, Clean Alcohol had already begun construction of a bio-ethanol plant in the capital city of TW. The expected completion date of the construction was in February 2007. With the date fast approaching, securing a reliable source of raw material became utmost urgency. Based on the information obtained from the market research and business plan of Clean Alcohol, the minimum required quantity of tapioca chips was 50,000~80,000 tons per annum for efficient bio-ethanol production. Moreover, a sales contract for bio-ethanol with a European buyer had already been signed, and the initial delivery would mark the first export of bio-ethanol by a Korean company. Thus, should the production and shipment of bio-ethanol be delayed or fail, a considerable penalty would have been charged, according to the compensatory damage clauses in the sales contract.

In addition, the mass media in Korea had already released articles on Clean Alcohol in anticipation of the completion of the first Korean bio-ethanol plant and first exportation of bio-ethanol. Clean Alcohol was listed in the KRX (Korea Exchange, a combined exchange for Korean financial securities including stocks, futures, and options), and its stock price was sensitive to the future prospects of bio-ethanol project, which was positioned as the core future business of the company. Additionally, to finance this entrepreneurial endeavor, the company borrowed substantial capital from multiple commercial banks by issuing syndicated securities. To pay for the first year of accrued interest, the company needed to achieve successful first-year production of bio-ethanol immediately after the construction of the plant. All these factors showed that the future of Clean Alcohol was hinged upon its bio-ethanol project.

Negotiation Process between Clean Alcohol and TW's Army

Convinced and committed to using tapioca chips as the raw material for bio-ethanol, Clean Alcohol exerted company-wide effort to ensure a continuous inflow of tapioca chips to their new plant in TW. To this end, Clean Alcohol engaged in a lengthy and intensive negotiation with TW's Army. The step-by-step procedure of this negotiation is summarized below.

Stage	Events	Date
1	Searching for the appropriate negotiation partner	

2	First contact	March 20
3	First meeting	March 25th
4	Agreeing on collaborative market survey	April 5th
5	Collaborative market survey	April 15th ~ May 25th
6	Presentation of survey results and serious confrontation	May 28th
7	Recovering from the damaged relationship	May 30th
8	First informal meeting	June 1st
9	Agreeing on the trade amount and financial support	June 10th
10	Discord on the price	June 15th
11	Communicating the urgency	July 1st
12	Further efforts for successful negotiation	July 3rd
13	Ultimatum and acceptance	July 5th
14	Signing of the contract	July 23rd

1. Searching for the appropriate negotiation partner

The first step for Clean Alcohol in obtaining reliable supply of tapioca chips was to identify a trading partner who had power to control the production and distribution of tapioca chips in TW. To this end, Clean Alcohol organized a strategic team and surveyed the tapioca industry of TW. Their research showed that there were many different types of suppliers for tapioca chips, including local farmers' associations, specialized private companies, and governmental organizations. Based on their thorough market research, Clean Alcohol concluded that from a long-term perspective, the governmental organizations were the only possible means to acquire a large amount of tapioca chips at competitive price over an extended period. Other business agents would simply not able to meet the quantity needed for its bio-ethanol production in TW or appeared to suffer from substantial unpredictability in their operations.

Among various governmental organizations, the Army of TW was the main producer of tapioca chips. Moreover, since the Army held considerable political power in TW, working with the Army could facilitate successful business operations for Clean Alcohol. Furthermore, the forthcoming election was a hot issue in TW; majority of the governing party members had military backgrounds because TW's government at that time was established from a coup d'état staged by the military. To win the election, the military and the governing party were eagerly searching for opportunities to demonstrate their competence in developing the economy and their dedication for the benefit of TW's people, most of whom were farmers. Thus, signing a sizable contract with a foreign company in the field of agricultural business was expected to have a favorable effect for the governing party in the forthcoming election. As a result, the strategic team of Clean Alcohol decided to negotiate for a long-term supply of tapioca chips with TW's Army.

2. First contact (March 20)

This was the day that Clean Alcohol sent the first official letter to TW's Army stating its intent to purchase tapioca chips through the Army. At that time, the Clean Alcohol's bio-ethanol plant was already in construction, and it was not feasible for the company to establish multiple contracts with multiple suppliers because Clean Alcohol was a medium-sized company with limited manpower, particularly for its bio-ethanol business. Therefore, the letter was prepared with great care to draw the interest of TW's Army and convince the Army of the company's sincerity regarding this potential business relationship. In the letter, Clean Alcohol included information on what they hoped to achieve from the deal, as well as an explanation of the company's management strategy. Clean Alcohol also explained that it had stable revenue from existing businesses, and was listed in the

KRX based on its sound financial structure. In addition, Clean Alcohol emphasized that, when its total revenue was considered, it ranked second among all foreign companies in making social contributions to TW. Based on this information, Clean Alcohol asserted that they were eager to contribute to TW's economy and society when the company yielded profit from this project. On the 23rd of March, Clean Alcohol received a call from TW's Army, who agreed to a meeting.

3. First meeting (March 25th)

The first meeting between the strategic team of Clean Alcohol and the delegates from TW's Army was mostly an ice-breaking session. Both parties conversed on the future of TW and its possible economic growth. There was no mention of the price or quantity of their future business transactions. Rather, attention was focused on the detailed explanation of the current bio-ethanol industry and its prospects. Emphasizing the fact that the bio-ethanol business was well placed to become one of the basic industries in the future, Clean Alcohol communicated that this deal and resultant development of the bio-ethanol industry in TW would not only benefit the Army but TW as a whole.

During the first meeting, Clean Alcohol requested the Army to perform a market research. Specifically, they asked for information on the total amount of tapioca chips currently available, as well as the number of farmers and locations of major tapioca chip fields. Clean Alcohol had already conducted their own market research on tapioca chips in TW and nearby countries. However, they found that the governments in Third World countries were often not friendly towards foreign companies, and therefore conducting a thorough market survey was extremely difficult. Nevertheless, they had their own ballpark information regarding the available amount and market price of tapioca chips. Thus, asking the Army to conduct their own market research was a means to obtain a more precise picture of the market and, at the same time, check the ability and trustworthiness of the Army as a business partner.

From the passionate attitude and strong message conveyed by the Clean Alcohol team, TW's Army was convinced of the company's commitment to developing long-term business relationships. It decided to create its own taskforce team exclusively dedicated to this business negotiation. The taskforce team of the Army was led by a brigadier general with a colonel as the action officer.

4. Agreeing on collaborative market survey (April 5th)

Ten days after the first meeting, the two negotiating parties met again and TW's Army provided the information they had gathered from their market research. The Army claimed that it could supply 60,000 tons of tapioca chips annually at US$ 140 per ton, excluding delivery and other administrative costs. Administrative costs could amount to an additional US$ 10~20 per ton depending on the locations of the tapioca fields. This information differed greatly from what Clean Alcohol obtained from its own market research.

According to the research conducted by Clean Alcohol, it was estimated that the Army could supply 18,000 tons per annum. Since this amount would fall short of the required amount for Clean Alcohol, the company had devised a plan to acquire additional tapioca chips from local companies in TW and other nearby countries. However, Clean Alcohol was still focused on obtaining as many tapioca chips as possible from the Army since it was the only reliable source for obtaining raw materials in large quantities in the long-term. In terms of the price of tapioca chips, Clean Alcohol estimated that a reasonable price would be US$ 65~$75 per ton, excluding delivery and other administrative costs, which was much lower than the price the Army claimed at US$140 per ton.

Noting the discrepancies between the results of the market survey conducted by TW's Army and its own expectations regarding the price and quantity of tapioca chips, Clean Alcohol suggested conducting a collaborative market survey concerning the whole process of supplying tapioca to minimize the discrepancies between each party's respective market research results. This suggestion was accepted by the Army, and a collaborative survey was executed.

5. Collaborative market survey (April 15th ~ May 25th)

Following the agreement by the two parties, a collaborative market survey was conducted in forty days. The survey team included three officials from TW's Army and five members from the strategic team of Clean Alcohol. They scouted for locations of tapioca farms, checked the fertility of the soil, the quality of the labor force, and the expected quality and quantity of tapioca chips. As a result of this joint effort, the team arrived at the conclusion that the expected total amount of production was merely 30,000 tons for the year. Out of this expected yield, 10,000 tons of tapioca chips would be of inferior quality and unsuitable for bio-ethanol production. Thus, the Army could supply only

20,000 tons for the first year. Having confirmed their initial market survey, Clean Alcohol began its efforts in creating plans to purchase additional tapioca chips from the other sources they had already considered.

6. Presentation of the survey results and serious confrontation (May 28th)

The joint survey team presented the results of the collaborative market survey to the Army's taskforce team and the strategic team of Clean Alcohol. From this joint market research, it was obvious that the initial production estimation presented by TW's Army was imprecise, and that the actual quantity of tapioca chips available from the Army was much less than the Army's approximation.

During this meeting, Clean Alcohol also raised the issue of the initial price suggested by the Army during the prior meeting, indicating that it was not reasonable, considering the domestic market, as well as the markets in nearby countries. From the perspective of Clean Alcohol, this was not a criticism but rather a progressive and natural course of action in moving the business negotiation process forward. However, the result was different from what the company expected. The moment the price issue was mentioned, the head of the Army's negotiating team (in this meeting, a four-star general) instantly became angry, hit the table with his fist, and left the room, all the while expressing severe resentment. The aftermath of this incident was even more disastrous. After the general left, the remaining members of the Army's negotiating team also stood up and left the meeting room. Thus, the meeting ended abruptly and Clean Alcohol's strategic team was left puzzled as to what the issue could have been and what they could do to resolve it.

Clean Alcohol sought the help of the Minister of Commerce and Industry of TW to unearth the reason behind this incident. Since the Minister had a personal connection with Clean Alcohol, he kindly informed the company that it was inappropriate to criticize the head of a group in front of his/her subordinates as, in TW culture, the criticism would be regarded as an insult. Therefore, the company's remark that the market research conducted by the Army was inaccurate could be regarded as a slur on the general's capabilities and a cause for humiliation. Upon realizing their inadvertent error, Clean Alcohol confessed that they were not aware of this custom and requested that the Minister to convey to the general of their true intentions.

7. Recovering from the damaged relationship (May 30th)

With the mediating efforts of the Minister, another meeting was arranged between the two parties. In this meeting, Clean Alcohol explained the negotiation culture in Korea and apologized to TW's Army for their ignorance and rude behavior. The general accepted the apology. As a gesture of friendship, Clean Alcohol extended an invitation to an informal gathering, which the Army accepted.

8. First informal meeting (June 1st)

The first unofficial meeting between the two parties was held in a banquet hall. Members of the both negotiation teams sang karaoke and drank together, building informal friendships. After the event, they frequently had drinks together and began to build greater interpersonal trust. Although this meeting was intended to be informal and the atmosphere was relaxed for both parties, members of Clean Alcohol constantly emphasized their benevolent motivation in that they wanted the negotiations to result in a win-win situation for both parties. Clean Alcohol asserted that they were exerting all efforts to ensure the benefit of both parties. Clean Alcohol also informed the Army that the company was currently looking for different sources of raw material but wished to continue the negotiation with the Army and make them the largest supplier of tapioca chips for Clean Alcohol.

9. Agreeing on the trade amount and financial support (June 10th)

This fifth meeting was a turning point in the negotiation because both parties arrived at the consensus that the available quantity of tapioca chips was 20,000 tons for the first year. Since the total amount required for Clean Alcohol was 50,000~80,000 tons per year, Clean Alcohol notified the Army that they would procure the rest of the amount for the year from other sources. However, Clean Alcohol also informed the Army that they were hoping to expand the trading quantity between the two parties and suggested that the Army plant more tapioca seeds. The Army gave a positive response, indicating that they were willing to increase tapioca production but that it was not possible because they had difficulties in financing the purchase of additional tapioca seeds. Realizing that it was difficult for a governmental organization to gain a financial leverage in TW, Clean Alcohol offered to provide financial support for the purchase of tapioca seeds on the condition that the amount would be deducted from the total payment to be made upon delivery of the product. Through this creative and collaborative suggestion, Clean Alcohol nurtured a win-

win atmosphere in the negotiation. The Army accepted the suggestion and agreed to increase the amount to 50,000 tons per year from the second year onwards.

10. Discord on the price (June 15th)

Following the agreement of the quantity for the year and years to come, in the sixth meeting, both parties opened negotiations on the price. Based on their market analysis, Clean Alcohol insisted on US$ 75 per ton on a factory arrival basis. However, the Army claimed the price of US$ 130 per ton on a factory arrival basis. Clean Alcohol had already signed a contract for its first export to a European company, and to make reasonable profits from this export, the price of tapioca chips should be lower than US$ 97 per ton on a factory arrival basis. At the moment, the US$ 75 per ton suggested by Clean Alcohol was the best expected price for the company, but it was actually willing to accept a price of up to US$ 97 per ton. For this reason, the price of US$ 130 per ton was perceived as outrageous by Clean Alcohol, and the company was very disappointed that an agreement was still not accomplished.

11. Communicating the urgency (July 1st)

Due to the substantial gap in the price expected by the

two parties, the negotiation was stalled for two weeks. Clean Alcohol was pressed for time and thus could not sit idly by and wait for something to occur. They decided to make a move and prepared an official letter for the Army that stressed the urgency of the negotiation for the company. Specifically, in the letter, they communicated that if the final agreement could not be reached by the end of July, Clean Alcohol would be placed in a position to pay extremely high opportunity costs. This is because if the company failed to submit the final signed document for procuring raw materials for their business to the Developmental Committee of TW's government, Clean Alcohol could not receive any benefits for their ethanol business, including a tax holiday for a foreign company. In explaining this situation, Clean Alcohol expressed their disappointment, and further conveyed their current situation in seeking alternative business partners that produce tapioca chips to meet the formal requirements imposed by the Developmental Committee.

12. Further efforts for successful negotiation (July 3rd)

Following the written communication via the official letter, Clean Alcohol arranged the seventh official meeting with TW's Army. In this meeting, Clean Alcohol exerted enormous efforts to convince the Army that this business negotiation was beneficial for them. First, Clean Alcohol invited TW's Minister of Commerce and Industry to attend and monitor the negotiation process to legitimize their business as a national concern for the country. Throughout the meeting, the Minister added strength to the position of Clean Alcohol by supporting the company's arguments. Second, members of Clean Alcohol prepared and distributed business cards with the sentence "For the brightness of TW" on top of the cards. This signaled that Clean Alcohol was there, not just for the company's interest, but also for the benefit of TW. Third, Clean Alcohol emphasized the non-economic gains that the Army and TW could achieve through this contract. Bio-ethanol was gaining considerable attention as one of the key alternative energy sources globally, and having a domestic bio-ethanol plant would provide benefits to TW in the future. The business could also generate profits for the country in the future once the Clean Development Mechanism (CDM) became accepted by various countries. Moreover, since the election season was approaching, Clean Alcohol emphasized that TW's people would perceive this contract as a serious effort on the part of the Army and the government to accelerate economic development, particularly in the area of agriculture, the dominant industry of TW.

Members of Clean Alcohol believed that all these factors were helpful in reframing the Army's perspective regarding the present negotiation for tapioca chips. At the end of this seventh meeting, the Army negotiation team lowered their price to US$ 110 per ton on the factory arrival basis, which was still not satisfactory for Clean Alcohol.

13. *Ultimatum and acceptance (July 5th)*

Despite their enormous efforts during the seventh meeting, Clean Alcohol still did not manage to obtain an acceptable price offer from TW's Army. However, considering the deadline of July 31 imposed by the Developmental Committee of TW, they had no time left to spend on further negotiation with the Army. Thus, on July 5, the strategic team of Clean Alcohol headed directly to the office of the general who was in charge of the negotiation to finalize or break the deal. Clean Alcohol informed the Army's negotiation team that US$ 90 per ton on the factory arrival basis was the last offer that they could give. Although this was Clean Alcohol's ultimatum to the Army, members of the strategic team demonstrated the validity of the offer by providing quantified data and market information to back up their position. By disclosing all confidential information and utilizing all their data to determine the final offer of US$ 90 per ton, Clean Alcohol made it clear that their offer was an optimal solution that would satisfy the needs of both parties. Encountering this direct and honest confrontation, the general pondered for several minutes and decided to close the deal with the price suggested by Clean Alcohol.

14. Signing on the contract (July 23rd)

The contract between Clean Alcohol and TW's Army was finally signed. The atmosphere of both parties during the signing of the final contract was cheerful, and both parties were highly satisfied with the agreement. The specific terms and conditions of the final contract were as follows:

Price: US$ 90 per metric ton of tapioca chips (factory arrival basis)
The total contract amount: US$ 19,800,000.00
Duration: 5 years
Quantity: Total of 220,000 tons
(20,000 tons in the first year and 50,000 tons per year in the remaining four years)

Effective Negotiation Strategies Employed by the Clean Alcohol Team

In this negotiation, Clean Alcohol engaged in various types of effective negotiation processes, as summarized below.

1. Exhibiting commitment to the negotiation

By starting the construction of a production plant of bio-ethanol even before the commencement of the negotiation, Clean Alcohol demonstrated its strong commitment toward a successful negotiation with TW's Army. This action worked positively in persuading the Army in terms of Clean Alcohol's enthusiasm towards the bio-ethanol business and the sincerity of its desire to contribute to TW's economic development.

Although the results of this action can be evaluated in a positive stance, making strong commitments without considering possible negative outcomes can be risky. In this case, Clean Alcohol had other supply sources of tapioca chips as alternatives. Thus, it was not a huge risk to build a bio-ethanol plant in TW, regardless of whether or not it secured supplies from the Army. If they did not have alternative sources of tapioca chips, the construction of the bio-ethanol plant could have been a dangerous move since achieving a satisfactory outcome from the negotiation was uncertain.

2. Forming a joint team for collaborative market research

There was a substantial discrepancy between Clean Alcohol and TW's Army's data regarding the expected quantity of tapioca chips that could be supplied by the Army. Facing this enormous discrepancy, Clean Alcohol suggested that they form a joint task force team to conduct market research to accurately quantify the available amount of tapioca chips. Rather than being surprised by or criticizing the initial amount estimated by the Army, Clean Alcohol made a positive and productive step and initiated a joint effort to reexamine the issue and reduce the gap. With this constructive approach, both parties were informed of the accurate amount of tapioca chips that could be supplied by the Army. More importantly, through this joint effort, Clean Alcohol led the Army to realize the discrepancies in their report without having to resort to criticism and needlessly damaging their budding business relationship.

3. Inviting a third party's intervention

Due to cultural misunderstandings, Clean Alcohol made

a serious mistake during the negotiation by accidentally insulting the general in charge of the negotiation. In rebuilding the relationship with the Army, the strategy of using a third party, in this case the Minister of Commerce and Industry, proved to be very effective. Based on prior acquaintance, Clean Alcohol sought the help of the Minister to deliver their genuine intentions and a sincere apology. The Minister had a crucial role in eliminating the misunderstandings between the two parties and bringing them back to the negotiation table. Moreover, during the meeting held on July 3rd, the Minister helped Clean Alcohol once again by supporting their view regarding the possible benefits for the Army from a successful negotiation. Therefore, if the two negotiating parties are not familiar with each other and have difficulties in getting their points across, an intermediate third party that has close relationships with both parties may play an important role in improving the negotiation process and achieving a better negotiation outcome.

4. Creative problem solving based on a shared goal

The parties initially shared the idea of increasing the transaction amount. However, the Army was not able to finance the cost required to buy the tapioca seeds and it disclosed this fact during the negotiation with Clean Alcohol. In other words, although the interests of Clean Alcohol and TW's Army were congruent on increasing the amount of their future trade, they had different positions due to the restricting circumstances of the Army. Clean Alcohol responded by offering financial support to the Army on the condition that the money would be deducted from the total payment to be made on the actualization day. What the Army and Clean Alcohol wanted were financial resources for seeds and a greater amount of tapioca chips, respectively. Through the creative and open-minded approach to achieve the shared goal of increasing the transaction amount, both the Army and Clean Alcohol could satisfy their interests.

5. Redirecting toward an integrative solution

At the beginning of the negotiation, the two parties experienced a substantial gap in the price of tapioca chips. The Army wanted a price (US$ 130 per ton) that was far from Clean Alcohol's first offer (US$ 75 per ton). Due to the huge gap, Clean Alcohol regarded the Army's initial offer as simply unacceptable. In this highly competitive and distributive bargaining situation, negotiators tend to stick to their position and fail to move toward an agreement. However, Clean Alcohol tried to reframe the negotiation, moving from the competitive framing of "bargaining on the price" to "maximizing both parties' gain" from the negotiation. To this end, they attempted to change the framing to the one based on "satisfying mutual interests" and emphasized the benefits the Army and the government could obtain from the negotiation. To this end, Clean Alcohol capitalized on the Army's political position in the country and the upcoming election season. Stressing the fact that a successful conclusion to the negotiation would be recognized by TW's people as an effort of the current government and the Army to improve TW's economy, Clean Alcohol was able to convince the Army of the non-monetary value of successful negotiation that would boost their political position in the long-term. As a result of these efforts, the Army accepted Clean Alcohol's final offer (US$ 90 per ton). Thus, by identifying congruent interests of the two parties that may result from the successful completion of the negotiation, Clean Alcohol was able to reduce the gap in the conflicting issue (i.e., tapioca price). This resulted in a successful negotiation.

4. Positively framing the negotiation situation

An important factor that positively influenced Clean Alcohol's negotiation position was the upcoming election season of TW. Since TW's government at that time was established through a military coup d'état, the Army and the government needed to demonstrate their competence and enthusiasm for the development of TW. Taking this situation into account, Clean Alcohol continuously appealed to the Army's negotiation team that a successful outcome from the negotiation would work as evidence showing the Army's devotion and capability for furthering TW's economic development. This message implied that a successful negotiation outcome would help the current government to win the coming elections. Throughout the negotiation, the political implication of the business negotiation significantly affected the Army's viewpoint and attitude toward the negotiation. With this case in point, it can be realized that the framing of negotiation issues is crucial for successful negotiation. By identifying and highlighting the potential gains that would appeal to their counterparts, negotiators can substantially shift the counterpart's target and reservation points during the negotiation.

Study Questions

1. Do you have any experiences of cross-cultural negotiations? What problems could arise in cross-cultural

negotiations and how could they affect the possibilities of successful negotiations? To resolve such difficulties in cross-cultural negotiations, what would you recommend to the negotiators?

2. In the present negotiation case, how did the negotiators overcome the zero-sum mindset in which negotiators believed that one party's gain necessarily led to the other party's loss? Based on your business and negotiation experiences, what tactics and strategies would you recommend to achieve integrative outcomes that will fulfill both parties' interests?

3. Reflect on the most challenging negotiation you experienced in your life. What made the negotiation difficult and stressful? What did you learn from the negotiation? If you were to encounter such a situation again, what actions would you take to ensure its success?

Appendix

Exhibit 1. Economic prospect of bio-ethanol industry

- Worldwide Ethanol Consumption

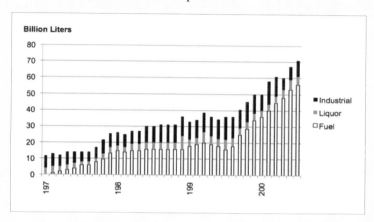

- Worldwide Ethanol Production

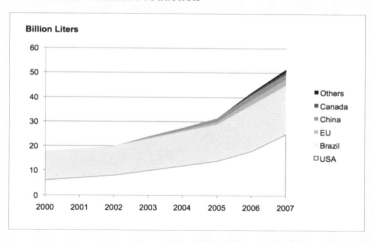

Source: F. O. Lich Report-2006 / www.informa.com

Exhibit 2. Tapioca plants and chips

- Tapioca plants

- Tapioca chips

Negotiation Teaching Note

Negotiation Teaching Note

PAE KI-PYO OF THE LEAD AUTHOR

Cross-Cultural Negotiation between Clean Alcohol and TW's Army

In the current business environment characterized by globalization and hyper-competition, international negotiation has attracted considerable attention from both management scholars and practitioners. However, it remains difficult to determine whether business cases focusing on international negotiation have been sufficiently developed compared to other popular concepts in management literature. Moreover, it is apparent that current negotiation literature lacks concrete examples on cross-cultural negotiation occurring in the business context. To fill this demand, this case elaborates on a real negotiation conducted by a Korean company with an army unit of a Third World country. By investigating both the specific and detailed process of the negotiation, readers may develop a strong sense of the difficulties occurring in real negotiation (particularly in a cross-cultural negotiation) and how to handle these hardships. Given the fact that the occurrences and scale of international negotiations have continued to increase, the contents of this case could provide invaluable lessons to readers.

Contents and study questions of the case

This case is based on real negotiations conducted by a Korean company called Clean Alcohol (pseudonym) to obtain a reliable source of tapioca chips from an army in a Third World country ("TW" hereafter). To successfully reach an agreement regarding a sufficient supply of tapioca chips, Clean Alcohol tried a wide range of efforts in various directions. A number of their trials were successful, while some were not. By reflecting on the dynamic interactions between the parties, students will learn how the concepts and theories in negotiation literature are actually manifested in reality and what can be done in each situation to achieve the best possible outcome. In leading class discussions, the instructor may choose topics among the following issues:

1. Negotiation in different cultures; possible misunderstandings between the two parties due to discrepancies in their cultural background and methods of dealing with these misunderstandings.
2. The ideal steps of negotiation.
3. The concepts of opening, target, and reservation points, as well as the positive and negative bargaining zones.
4. The concept of integrative negotiation and how it is achieved.

Teaching Plan

Since this case contains a variety of interesting issues, instructors may extract their unique questions and implications from the case. Below we elaborate on the four issues suggested above.

1. What influence can culture exert in a negotiation?

From the case, we learn that negotiation conducted by

two parties from different cultures may face difficulties arising from misunderstandings regarding negotiation customs or manners. Although Clean Alcohol's intention was to reduce the gap between the positions of the two parties and provide relevant information, TW's Army considered it as humiliating, and their leader left the table in anger.

Different negotiation styles in different cultures have long been the focus of studies. For example, it is widely acknowledged that Japanese negotiators adhere to gradual, passive, and concessive attitudes, whereas American negotiators prefer fast progress, competitive attitude, and assertive communication. Drawing on the works done by many scholars, Lewicki, Barry, Saunders, and Minton (2002) stated that culture can influence negotiations in at least eight different ways:

a. Definition of Negotiation

Negotiators from different cultures may have distinct understandings of the fundamental definition of a negotiation. As suggested above, American negotiators tend to understand negotiation as a competitive process during which each party should try its best to gain the most and give the least. In contrast, Asian negotiators, including the Japanese, tend to believe in the collaborative process and win-win negotiations.

b. Selection of negotiators

Factors used in the selection of negotiators and the weight given to each factor can widely differ across different cultures. These factors include extant knowledge, gender, seniority, and status. These differences reflect the discrepancies in fundamental understanding of "what negotiation is."

c. Protocol

This aspect refers to the formality expected by each negotiator. In American culture, this is characterized by low formality. For example, calling each other by his/her first name is a widely accepted custom. If this custom is applied to an English negotiator, the result can be disastrous. For European cultures, negotiation is recognized as a highly formal process and therefore proper use of titles (e.g., Mr., Ms., or Dr.) is a prerequisite. Strong understanding of the proper formal attitudes in negotiation is necessary.

d. Communication

The way people communicate, both verbally and nonverbally, is strongly influenced by their culture. Since expected behaviors and attitudes in negotiation widely differ across cultures, negotiators should be aware of the proper conduct of communication for the counterpart. For example, in Korean culture, looking the opponent in the eye during conversations is sometimes recognized as aggressive or rude, whereas an American negotiator would feel insulted if the counterpart avoids eye contact during communication since this could be viewed as the counterpart is not paying attention to what is being said. The problem Clean Alcohol encountered with TW's Army was due to the insufficient understanding of the cultural differences on this aspect. If Clean Alcohol had known that it was considered rude to openly object to the opinions of the head of the negotiating team, the problem would have never occurred.

e. Time

Some negotiators strive to hasten the progress of the negotiation, while others consider fast tempo negotiations as dangerous, potentially leading to problems in the future. Therefore, tolerance for each other's different time orientations can be a virtue in negotiations. In the present case, Clean Alcohol appeared to pursue a face-paced negotiation due to the Korean culture that values speed and swiftness, but perhaps also due to the company's urgency in starting its business operation in the new bio-ethanol plant in TW. Fortunately, the two parties could avoid explicit problems due to different time frames because Clean Alcohol was able to convince TW's Army of the benefit of moving quickly for both parties.

f. Risk propensity

In line with time orientations of each negotiator, risk propensity can be another source of possible differences between negotiators with different cultural backgrounds. For instance, American negotiators prefer fast progress and tend to take more chances, whereas negotiators from Asian cultures pursue a gradual and steady progress in negotiations while being conservative in terms of the considered alternatives.

g. Groups versus individuals

Negotiators from group-oriented cultures and negotiators from individual-oriented cultures may differ in their decision-making process. While group-oriented culture emphasizes perfect agreement of all team members based on a thorough understanding of a given situation, the responsibility for decision-making in a negotiation team with individual-oriented culture may be given to a single (or a small number of) person(s). Therefore, negotiations with individuals from a culture with high group orientation may require more time than an individual-oriented negotiation team since the negotiators have to share and explain their positions to every member on the team. In the present case, the negotiation rights and responsibilities of TW's Army belonged solely to the head of the negotiation team of TW's Army, the four-star general. Therefore, the final stage of the negotiation was conducted between the negotiation team of Clean Alcohol and the head of TW Army's negotiation team. By focusing their efforts in persuading TW Army's head, Clean Alcohol was able to finalize the negotiation more effectively and easily.

h. Nature of the agreement

A fundamental understanding of "what an agreement is" can be another source of misunderstanding or conflict in a negotiation. According to Foster (1992), American negotiators recognize memorandums of agreements as the completion of the negotiation, which is protected by the law from that moment. In contrast, Chinese negotiators perceive and utilize the memorandum of agreement as a signal of the start of a negotiation. Therefore, even the basic concepts of "agreement" can be different, and these discrepancies may lead to serious issues.

2. What is the ideal process of negotiation?

As a prescriptive model, Greenhalgh (2001) discussed the ideal process to follow in a negotiation. This process consists of seven specific phases, as listed below. Whether and how Clean Alcohol worked through these phases is also discussed.

Stage	Things to be done
1	Preparation for the negotiation
2	Relationship building with the other party
3	Information gathering
4	Devising the offers by utilizing the information gathered
5	Bidding on the negotiation outcomes
6	Finalizing the deal
7	Implementation of the agreement

The first phase is the preparation. In this phase, each negotiator should clarify the issues, as well as their own needs and the roles they have to perform: why he/she negotiates; how to conduct the negotiation; what is important for him/her; what is his/her goal, and so on. The objective of this phase is "to be sure about oneself and the negotiation." For Clean Alcohol, these works were conducted from the point when they realized that they faced limitations in future growth due to government protection and found their potentials in bio-ethanol business. They subsequently engaged in research to determine which raw materials were suitable for bio-ethanol production, and identified tapioca chips for the raw material. Through these processes, they clarified the reason why they had to conduct the negotiation and the outcome that they wanted to achieve.

The second phase is relationship building. The negotiator and the other party become better acquainted with each other at this stage. Through constant interaction, the parties would be able to perceive the similarities and differences between them, know exactly what their goals are, and commit themselves to achieving a successful outcome that will be satisfactory for both parties involved. Clean Alcohol accomplished this stage by identifying TW's Army as a possible negotiation partner and writing them a letter to suggest the possibility of a negotiation.

The next phase is information gathering. The negotiator learns of the terms and requirements of the participants. This includes the needs of each party, the feasibility of possible settlements, and what consequences both parties would face if they fail to achieve an agreement. Through the meeting on April 5th and the subsequent joint market survey, Clean Alcohol identified the needs and positions of TW's Army and looked into the possibility of a successful negotiation.

In the fourth phase, the information gathered in the previous stage is used. Utilizing this information, the negotiator tries to assemble offers to put forth to the other party. Therefore, the negotiator's effort should be concentrated on devising offers that would maximize one's benefit. Although specific endeavors for devising the offers are not suggested in the case, this stage is presumed to have taken place before Clean Alcohol put forward their offer to TW's Army.

Actual bidding occurs in the fifth stage. After both parties have proposed their initial offers, they gradually move toward an option that is satisfactory for both parties. If they can arrive at an agreement, the negotiation can be successfully settled. In the case of Clean Alcohol, this phase was observed in two parties' negotiation on the amount and the price of tapioca chips.

The sixth phase is the closing of the deal. The negotiator and his/her counterpart become more committed to finalizing the agreement. What is important in this stage is to lead the discussion in a way that satisfies both parties. By suggesting the final offer and signing the final contract with TW's Army, Clean Alcohol completed this stage.

In the final stage, the two parties implement the agreement. They perform what is stipulated in the contract. While executing the roles written in the contract, they might discover that the agreement is flawed. In this case, negotiations can be reopened, or the issues can be settled by arbitrators or the courts. In the case given however, this phase was fulfilled by Clean Alcohol and the Army through the actual trading of tapioca chips.

In discussing the above process suggested by Greenhalgh (2001), what should be emphasized is the fact that this model should be understood in a prescriptive sense. This means that actual negotiations are rarely conducted as precisely as the procedure stated above. In real negotiations, some of these phases do not appear or are simply skimmed over. The order of the process stated is frequently rearranged, or some of the phases are executed simultaneously. The discrepancies between the ideal model and reality, however, do not undermine the value of the model. In other words, although people may overlook this rational process of negotiation, people can still benefit from it. The benefit would be more valuable when one is the only negotiator following the logical negotiation model.

Based on the ideal process suggested above, it is meaningful to evaluate the negotiation conducted by Clean Alcohol and TW's Army to determine whether the each party actually achieved each step of the process. As can be identified above, it appears that the procedures followed by Clean Alcohol were very congruent with the steps discussed by Greenhalgh (2001). Considering this fact, it would be meaningful to discuss the crucial phase that helped the most in inducing a successful outcome for Clean Alcohol.

3. What are the opening points, target points, reservation points, and positive/negative bargaining zones in negotiation?

The opening point refers to the initial offer each party suggests to the counterpart. It may work as an anchoring point that may influence the strategies and goals of the other party. Therefore, a reasonably high opening point can work favorably for a negotiator (Northcraft & Neale, 1987; Tversky & Kahneman, 1973). However, outrageously high initial offers lead to the possibility of the other party reacting negatively and withdrawing from the negotiation table. Thus, the opening point should be used with careful consideration as one of the negotiation strategies.

The target point is the goal a negotiator sets as the best possible outcome. According to goal setting theory, specific and moderately high goals may motivate the negotiators and lead them to a better outcome.

The reservation point refers to the worst outcome a negotiator is willing to take in a given negotiation. Therefore, if the negotiation appears to arrive at the outcome below the reservation point of a negotiator, he/she would withdraw from the negotiation and find alternative ways to satisfy his/her needs. Thus, the reservation point is set based on the best alternative outcome that can be achieved from the negotiation. This is the concept of best alternative to a negotiated agreement (BATNA).

The concept of positive and negative bargaining zone is also derived from the notion of the reservation point. The positive bargaining zone exists when the buyer's reservation point is set higher than or equal to the seller's reservation point. This situation occurs when the buyer is willing to pay the price, or more, that the seller expects to receive in the worst situation. This situation suggests the possibility of a successful agreement. When a positive bargaining zone exists, each negotiator should try (with a variety of methods) to arrive at a point where both parties are satisfied.

The negative bargaining zone, in contrast, exists when the buyer's reservation point is lower than the seller's reservation point. This happens when the buyer is asking for lower price than the lowest price the seller is willing to accept. In this case, the possibility of a satisfactory negotiation for both parties is low. Therefore, unless the negotiator adjusts its own reservation point or influences the other party's reservation point, the negotiation falls apart.

Based on the information provided in the case, the opening points, target points, and reservation points of Clean Alcohol and TW's Army can be identified in terms of the price of tapioca chips as follows.

	Opening point	Target point	Reservation point
Clean Alcohol	US$ 75/ton	US$ 75~90/ton	US$ 97/ton
TW's Army	US$ 140/ton	US$ 130~140/ton	US$ 90/ton or below

4. What is an integrative negotiation and how can it be achieved?

Integrative negotiation stands as an opposite concept of distributive bargaining, in which the goals of the negotiating parties are fundamentally at odds. In integrative negotiation, the goals of the negotiators are not exclusive, but can be pursued simultaneously in a single negotiation. Many negotiation scholars have argued that there are integrative elements in most negotiations and these elements can be discovered and developed with a variety of ways. Therefore, in-depth discussions on the notion of integrative negotiation and how to achieve it would change the students' basic perspective of what negotiation is and what it can achieve. Lewicki and his colleagues (2002) discussed important aspects that make integrative negotiations different from distributive bargaining. For integrative negotiation, the parties should pursue the following:

1. Focus on commonalities rather than differences,

2. Attempt to address needs and interests, not positions,

3. Commit to meeting the needs of all involved parties,

4. Exchange information and ideas,

5. Invent options for mutual gain, and

6. Use objective criteria for standards of performance.

Among the criteria that characterize integrative negotiations, the second item is particularly important. Through the second item, Lewicki and his colleagues (2002) emphasized that interests, defined as the reasons behind each party's position, should be considered; not the position itself. When the parties sufficiently communicate their positions to each other, they can understand the reasons for the other party's positions and can work together to find ways to satisfy their needs simultaneously. The way to sufficiently meet one's needs does not exist as a fixed form of a single alternative. There are actually numerous ways of solving the problems of each party. Through collaboration of the two parties, they would be able to generate more ideas, devise better alternatives, and reach an agreement that can satisfy the needs of both parties. Therefore, a crucial condition for achieving integrative negotiation is focusing on interests, not positions.

In the present case, at least four critical negotiation issues can be identified (i.e., time pressure, tapioca price, trade amount, and the successful completion of the negotiation). The issues and the positions/interests of the two parties on each issue are summarized as below.

Issues	Clean Alcohol's Position	TW Army's Position	Congruence
Time pressure	High	Low	No
Tapioca price	As low as possible	As high as possible	No
Trade amount	Large amount favored	Large amount favored	Yes
Successful completion	Highly valued	Highly valued	Yes

As can be noted from the table, the two negotiation parties had conflicting interests in two issues (i.e., time pressure and tapioca chip price) and congruent interests in the other two issues (i.e., trade amount and the successful completion of the negotiation). What should be noted is the fact that the two items on which the two parties had congruent interests were utilized fully, leading the negotiation to the final agreement. The present negotiation case demonstrated that integrative bargaining can be achieved by finding true interests behind the positions, and devising alternatives that satisfy the interests of both parties. These collaborative efforts are possible when the negotiators are strongly committed to the success of the negotiation.

Conclusion

Utilizing this case, instructors can stimulate class discussions on a variety of fundamental concepts developed in negotiation literature and effective negotiation strategies to be employed in a real setting. Moreover, reflecting on the misunderstandings and conflict between Clean Alcohol and TW's Army would allow the students to learn of the importance of cultural differences. This would lead the readers to consider the methods to overcome cultural differences between the negotiating parties. Finally, by introducing the concept of integrative negotiation, students can discuss the accrued benefits, as well as the strategies and negotiation behavior to be implemented in order to achieve such processes and maximize joint negotiation outcomes.

Reference

Foster, D. A. (1992). *Bargaining across borders: How to negotiate business successfully anywhere in the world.* New York: McGraw-Hill.

Greenhalgh, L. (2001). *Managing strategic relationship.* New York: Free Press.

Northcraft, G. B., & Neale, M. A. (1987). Experts, amateurs, and real estate: An anchoring and adjustment perspective on property pricing decisions. *Organizational Behavior and Human Decision Processes, 72,* 384-407.

Tversky, A., & Kahneman, D. (1981). The framing of decisions and the psychology of choice. *Science, 211,* 453-458.

Lewicki, R. J., Barry, B., Saunders, D. M., & Minton, J. W. (2002). *Negotiation* (4th ed.). Burr Ridge: McGraw-Hill